ビジネスパーソンのための
“使われ続ける”

ダッシュボード
づくりの
教科書

八木幹雄

はじめに

ビジネスをはじめスポーツ、政治など、あらゆる分野でデータに基づく意思決定が求められるようになった現在、企業に勤めるビジネスパーソンも、低価格で高機能なBI（ビジネスインテリジェンス）ツールを使って手軽に「ダッシュボード」を構築できる環境が整ってきました。

クルマに座ると目の前に並ぶダッシュボードのように、必要な情報をシンプルに表示したい、データに基づいた意思決定を迅速に行いたい、と希望して「ダッシュボード」構築に取り組まれた方も多いと思います。

しかし、試行錯誤して作ったダッシュボードは思いのほか使われていません。その改善に向けたチャート表現の工夫やデータサイエンスの活用などの手法は、昨今のデータ活用ブームの甲斐あって情報が充実してきたと思います。一方で、“ダッシュボードの利用目的を整理する”本質的な方法については、情報が不足しているのが現状です。

本書は、業務高度化・効率化を目的としたダッシュボード構築を想定している管理職や、ダッシュボードを活用したいビジネスパーソンを想定読者として、「どうすれば“使われ続ける”ダッシュボードをつくれるようになるのか？」を主題に、“実践的な”設計技法について解説します。

これまで、いくつもの著名な企業へBI導入支援を行ってきた筆者の経験から、ダッシュボード構築には“問い”を意識した設計こそが重要だと考えます。「“問い”を意識する」ことは、利用者視点に立ち、利用者にアクションを促す効果があります。“問い”を導くにはコツが必要ですが、BIダッシュボードの領域では、いくつかのパターンを学ぶことで体得することが可能です

今後、より一層、人材不足が深刻化する日本企業において、ダッシュボード構築に関する徒労を最小化し、“使われ続ける”設計に時間を割いてほしいという願いを込めて本書を執筆しました。

本書の構成

第1章：課題認識　―多くのダッシュボードが使われない理由―

ダッシュボードが使われない理由を品質・導線・保守の面から考えます。ここの考察によって、設計を学ぶ意義や注意すべき点などの意識が高まります。

第2章：全体構築　―ダッシュボードができるまで―

ダッシュボード構築に関する全体工程から設計の位置づけを確認し、利用する用語などを解説します。

第3章：設計技法　―3×3の設計技法―

設計工程の詳細を理解する本書の主要部分です。各工程での注意ポイントやコツなどを詳細に説明します。

第4章：運用技法　―継続的に価値を生むために―

一度リリースしたダッシュボードに変更を加えると、品質が良化したり悪化したりします。どのような方針をたてて運用していけばよいかについて解説します。

第5章：設計事例　―急成長するSaaS企業のダッシュボード再構築―

本書の設計技法で構築されたダッシュボードについて、現場の声を交えた事例を紹介します。ダッシュボード構築後、どのような依頼を受け、コンテンツを拡大していくかを追体験してください。

第6章：組織・人材育成　―組織内で効率よく育成するために―

本書の設計技法を効率よく展開している企業の人材育成事例を紹介します。多くのビジネスパーソンに設計スキルを身につけてもらう工夫を学びます。

付録：ダッシュボードの推奨デザイン

ダッシュボード設計の第一歩を踏み出しやすくするため、テンプレートイメージを用意しました。設計を始める補助資料として利用してください。

なお、第1章～第4章では「ストーリー」を仮定することで読者の皆さまと場面イメージを共有したいと考えました。「ストーリー」に登場する「ムーンバックス」は仮想の企業ですが、皆さまの会社でも似たような状況が見られるかもしれません。ぜひ登場人物のつもりでお読みください。

本書は手書きで設計を行う手法を紹介するため、特定のBIツールを前提としませんが、スクリーンショットなどの説明では「Domo」を利用しています。

八木 幹雄

Contents

第3章

設計技法　—3×3の設計技法

第4章

運用技法 ―継続的に価値を生むために

第5章

設計事例

序章

本書の特徴

ダッシュボードとは何か？

かつてはクルマのハンドル前にあるメーターやその周辺部分を指していた「ダッシュボード」という言葉ですが、最近ではBIツールをはじめとするIT・SaaS製品における、**データから構成されたチャートが並ぶ画面**を指すことが一般的になりました。

企業における伝票記帳のデジタル化は1960年代に始まったといわれていますが、そこで蓄積されたデータを活用する「BI（ビジネスインテリジェンス）」という概念について、ガートナーグループのアナリストだったHoward Dresner（ハワード・ドレスナー）氏が提唱したのは1989年のことです。さらに「BIツール」として市場に出回り始めたのは1990年代後半であり、最近ではDWH（データウェアハウス）、ETL（Extract/Transform/Load）の概念も包含し、それをSaaS型（クラウド経由で）提供するBIツールまで登場しています。

さまざまな市場調査レポートにおいてBIツールの市場規模は増加すると予測されており、また、BIツールのみならずMA（Marketing Automation）、CRM（Customer Relationship Management）、CDP（Customer Data Platform）、その他多くの製品がダッシュボード機能を有している現状を鑑みると、改めてダッシュボードの必要性の高さを感じます。

ダッシュボードの役割

ダッシュボードの主な役割は、システムに蓄積されたデータをわかりやすく表現することで迅速かつ効率的に状況を把握し、データに基づいた意思決定を支援することです。

社内外含めて取り扱えるデータが増加し、技術革新により低コストでタイムリーな情報連携が可能になった今、ダッシュボードの役割はとどまることなく拡大しています。**目標進捗や業績管理KPI（Key Performance Indicator）の定期的なレポーティングから、不正検知や異常検知などの監視、ヒト・モノ・カネのリソース管理に至るまで、リアルタイムに状況を把握して行動につなげたいというニーズは元々ありましたが、ダッシュボード構築によってこれらを満たそうという機運が高まっている**のです。業務領域では、経営・人事・会計・SCM（サプライチェーンマネジメント）・営業・マーケティング・研究開発など、データを取り扱うすべての業務でダッシュボードが求められています。

単なるデータ可視化の手段ではなく、業務システムの不足を補うことや、業務改善や業務高度化を担っていることがダッシュボードの役割拡大の背景にあります。

なぜダッシュボードが使われないのか？

「はじめに」で触れた通り、せっかく作ったダッシュボードの多くは使われていません。その理由は次図のように分類されます。

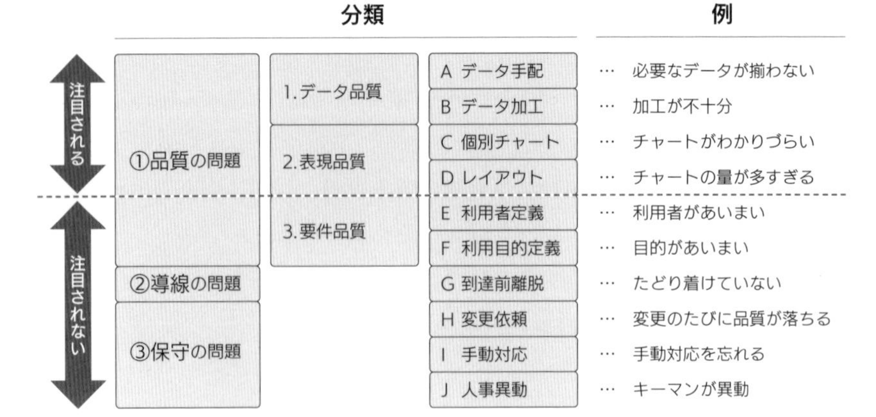

■ 図序-1　ダッシュボードが使われない理由

ここで伝えたい3つの重要なポイントを説明します。

1.「注目される領域」と「注目されない領域」の差異

「アドホック分析（一時的で戦略的な分析）」と「定常レポート（常時利用する業務運用向けレポート）」の要求事項の違いに起因します。（※「アドホック分析」と「定常レポート」の詳細は次章で説明）

2.「定常レポート」の継続的な利用条件

「定常レポート」として“使われ続ける”ためには、「②導線の問題」と「③保守の問題」を解決することが不可欠です。

3.「要件品質」の細分化

「3. 要件品質」は「E 利用者定義（WHO）」と「F 利用目的定義（WHY）」に細分化されます。一般的に「誰に（WHO）×何を（WHAT）」でものごとを考えるべきだといわれますが、ダッシュボードの世界では利用するデータがすでに決まっているため、関係者に上位目的を意識させる「なぜ（WHY）」で考えることを推奨しています。

要件を明確にする行為には程度の問題があります。

例えば、「納期遅延の状況を知りたい」という要望には、“SCM部門の人たち”という「WHO」の定義よりも、“田中課長”という方が具体的です。また、“半導体不足で納期を気にする人が多いから”という「WHY」の定義よりも、“週次進捗会議で現状の遅延概況を把握し、主要顧客へのケアを計画するため”とした方が具体的であるといえます。

要件が明確であれば、ダッシュボードの構築の難易度を下げられることは明らかです。

「問い」起点のアプローチとは

問題解決よりも問題発見が重要であるといわれていますが、問題発見のためには「問いを立てる」ことが重要です。この考え方はビジネスパーソンに広く浸透してきたと思います。ダッシュボード構築においても“問い”を意識することはとても重要です。

“問い”がない場合

得意先分類×エリア売上日割り前年比増減マップ

	関東甲信越	中四国	近畿	九州	北日本
ドラッグストア	101.4%	117.3%	109.0%	103.3%	131.9%
コンビニエンスストア	82.6%	100.5%	69.4%	107.6%	106.2%
ホームセンター	115.5%	90.0%	126.4%	105.9%	71.4%
百貨店	101.8%	106.4%	101.7%	95.7%	80.2%

凡例：■緑 ■赤 ■黄緑 ■黄

“問い”がある場合

不調なセグメントはどこか？

得意先分類×エリア売上日割り前年比増減マップ

	関東甲信越	中四国	近畿	九州	北日本
ドラッグストア	101.4%	117.3%	109.0%	103.3%	131.9%
コンビニエンスストア	82.6%	100.5%	69.4%	107.6%	106.2%
ホームセンター	115.5%	90.0%	126.4%	105.9%	71.4%
百貨店	101.8%	106.4%	101.7%	95.7%	80.2%

凡例：■緑 ■赤 ■黄緑 ■黄

■ **図序-2　チャート周辺の“問い”の有無の比較**

チャートの周辺に“問い”を入れることで、閲覧者からの印象は大きく変わります。図序-2の左のチャートのように「増減マップ」というタイトルでは「そうか」で終わってしまいますが、右のチャートのように「どこか？」と問われれば、「どこだ」と答えたくなり、自然と該当の色のセグメントに目がいきます。答えるには事実を認識しなければならず、その“問い”や“答え”が自分に関係している内容であれば、解決のための行動を起こさなければならないように感じます。

また、**“問い”とチャートが近い場所にあると、チャートが何のためにあるのかが明白で、説明書や周知・研修が不要になります**。さらに**問われると、答えたくなる、答えるためには認識しなければならなくなる、答えると動きたくなる、答えるべきかと考えて自分が答えるべき“問い”ではないと判断する、自分が知りたいのは別の“問い”であると修正依頼をしたくなる**等々のさまざまな効果が生まれます。

“問い”は誰にとっての“問い”なのか、どんなシーンで“問う”のか、“問い”の答えを添えるべきか、“問う”たら打ち手を必ず講じなければならないのか、“問い”を順番に繰り返すとどうなるか。チャートの周辺には必ず“問い”を入れるというルールをつくるだけで、その周辺について意識し始めることになります。

本書は、この“問い”の力をダッシュボード構築に活かしていく手法を紹介していきます。

「9フレーム」で要件を整理する

さまざまな観点から“問い”を洗い出していくと、次に意識が向かうのはそれを整理する方法です。洗い出したすべての“問い”を1つのダッシュボードに表そうとすると情報量が多くてかえって読み取りづらくなってしまうので、工夫が必要です。

そこで登場するのが「9フレーム」です。要件品質の向上に必要なのは、「誰に（WHO）、なぜ（WHY）」の解像度を上げることなので、洗い出した“問い”をこのマトリクスにプロットしていくことで、品質向上につなげることができます。

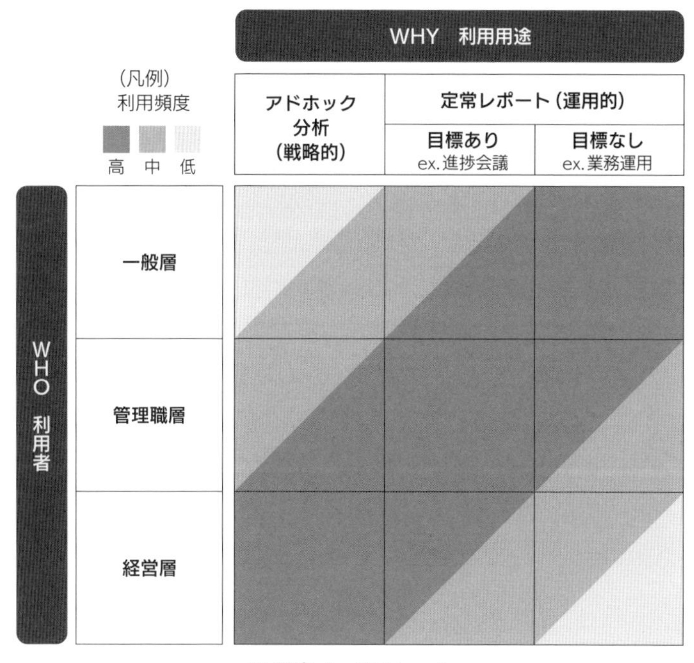

■ 図序-3　9フレーム

とくに、横軸に定義した**アドホック分析と定常レポートの混同は、ダッシュボードの品質を低下させる主要因**なので、内容を理解し、振り分ける方法を習得する必要があります。縦軸に定義した3つの職位階層も打ち手を講じる頻度や時間軸が異なるので、それぞれの特性の把握が必要です。これらを意識したうえで一つひとつのフレーム（9フレーム内の各マス目）の特性に従ったダッシュボードを構築できるようになると“使われ続ける”可能性が高まるのです。

ビジネスパーソンが注力すべきは設計と運用

ダッシュボードは1人で構築するには工程が多いため、苦手な領域や求めている品質に届かない領域について、他者に協力を求める必要があります。次図はダッシュボード構築の工程の全体像と、筆者がビジネスパーソンに推奨している注力ポイントを示しています。

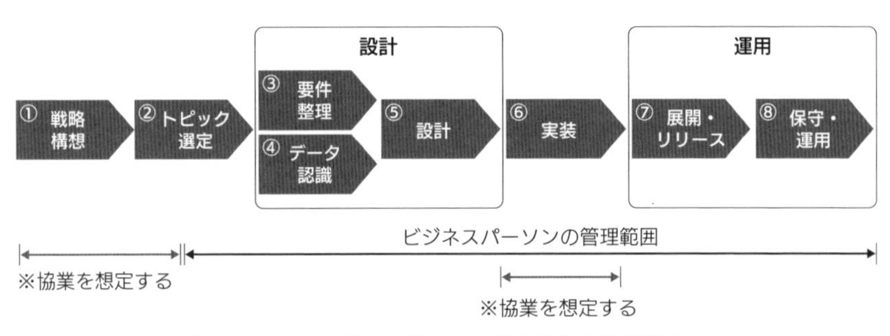

■ **図序-4** ダッシュボード構築の工程全体像と推奨注力エリア

どのようにデータ活用戦略を考えていくか、どのようなトピックからダッシュボードを構築し始めるかという①、②の内容は、社内のデータ活用推進の中枢の担当者や直属上司と協業することになります。これらは企業のリソース投下を決める方針なので、個別で考えるよりも全体の流れに従うことが推奨されるからです。

また、「⑥実装」**にどこまでリソースを投下するかについては、冷静に判断することが求められます。技術トレンドの影響を受けやすく、習得した知識が陳腐化するリスクがある**からです。最も外注化しやすい領域でもあるので、リソース投下優先度を落として対処していくことを推奨しています。

残りの「設計」や「運用」については、技術トレンドの影響も受けにくく外注化もしにくいため、ビジネスパーソンが注力すべき領域となります。

ラフスケッチ（手書き設計）のススメ

「⑥実装」を協業または外注する場合、要件を文書などで他者に伝え、連携する必要があります。連携のための文書ではシステム開発の厳格な設計書がイメージされますが、**利用者のデータ活用リテラシー向上とともに変更依頼が頻繁に入るダッシュボード構築の世界では、丁寧な文書を作成することは割に合いません。ここで登場するのが“手書き”のラフスケッチ**という落としどころです。パワーポイントの作成時に、内容を箇条書きして、紙とペンでラフスケッチを描いてからスライドを作成した経験がある方は多いと思いますが、同じ要領でダッシュボード構築でもラフスケッチを描きます。

直近5年間で100人以上のユーザーに対してラフスケッチを描くワークショップを行ったところ、**実装前に決めなければならないことが想像以上に多いことを理解するために、とても効果がある**ことがわかりました。しかし、多忙な中で会議に参加した部長がさっと描いたラフスケッチが名作ダッシュボードを生み出したり、全く筆が進まない方がいたり、ラフスケッチ品質のばらつきもまた明らかになりました。**誰もが安定して品質の高いラフスケッチをどうすれば描けるのかを解決する必要がありました。**

「3×3」の設計技法

さまざまな検証を繰り返した結果、手書きのラフスケッチを描くまでには、**「要件整理」「データ認識」「設計」**の3つをそれぞれ3 Stepでまとめた**「3×3」の工程**が必要になることがわかりました。次図がその全体像です。

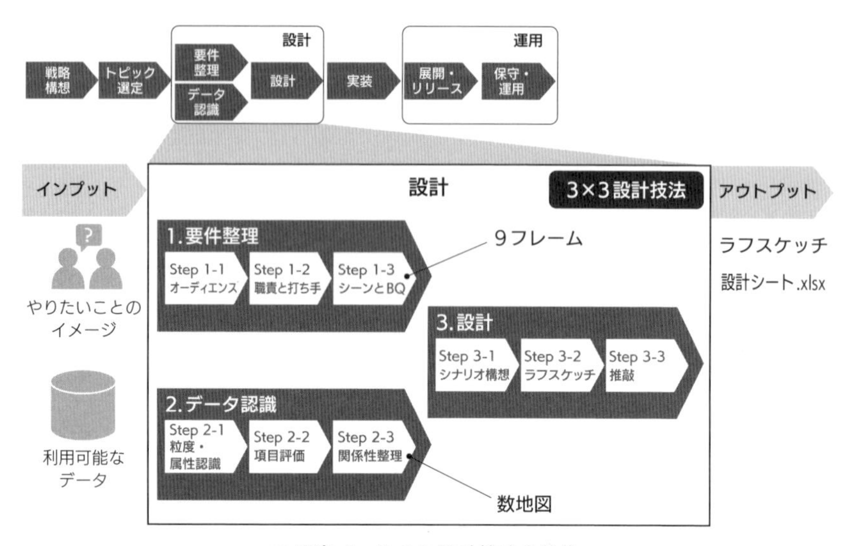

■ 図序-5　3×3の設計技法全体像

工程が長くなるにつれてフォーマット化やチェックリスト化が進み、それを管理する「設計シート.xlsx」も誕生しました。「設計シート」を使い3×3の設計技法を習得したユーザーは、次のような変化があったとコメントしています。

1. 実装する時間よりも設計する時間が増えた
2. ダッシュボードの構築目的を熟慮するようになった
3. レビュー機会が増えたことで、ダッシュボード品質が向上した
4. 関係者とのコミュニケーションが効率的になった

本書の第5章では、この設計技法を使った事例を、第6章では各社の取り組みについて紹介していきます。

Chapter1

第1章

課題認識
―多くのダッシュボードが使われない理由―

本章ではダッシュボードの担当者が直面する課題を「ある会社のストーリー」仕立てで紹介します。その会社の前任担当者は、さまざまな部署の要望を反映して、財務状況や店舗オペレーションの状況、マーケティングの詳細がわかるダッシュボードを作りましたが、なぜか現場からは不評です。その理由は何なのでしょうか？

「

1-0 〈ストーリー 1〉突然の業務命令

」

ある会社の紹介：「ムーンバックス」

「ムーンバックス」は創業12年、関東圏を中心に約100店舗を展開するコーヒーショップである。社長の和久氏は研究者出身で、コーヒーの栽培過程における特許を取得しており、その品質の高さから、コアなファンを魅了してやまない。

イメージ							
名前	和久	上野	田中	酒井	鈴木	遠藤	片岡
部署		デジタル推進室			営業本部		保守ベンダー
役職	社長	CDO	デジタル担当	前任者	本部長	エリアマネージャー	保守担当者
備考	創業者。コーヒーをこよなく愛し、栽培方法の研究を続ける研究者。	1年前に人材エージェント経由で入社。事業会社、コンサルファームなどで20年にわたり活躍してきた。	コーヒー好きという理由で入社し、3年ほど経理業務担当をしていたが、デジタルに興味があるという理由でデジタル推進室へ異動となった。	上野より先にIT関連の業務をしていた担当者。これから産休に入る。	創業メンバの一人、社長の右腕的存在で外食産業の営業を熟知している。	コーヒー好きという理由で鈴木部長に誘われて入社。店長と鈴木部長を結ぶことの重要性を日々感じており、ITにも興味がある。	基幹システムの保守を担当していたが、BIに興味があるという理由で上野CDOから声がかかった。誠実な仕事ぶりで周りからの評価は高い。

■ 図1-1　ストーリーの登場人物

デジタル化の停滞を打開するダッシュボード構築

店舗拡大を進めるムーンバックス社だが、和久社長の周辺に集まった創業メンバーは外食業に精通している者が大半で、店舗オペレーションやPR、マーケティングが整備されていく一方で、デジタル化は一向に進んでいない。SNSインフルエンサーを雇ったり、流行りのSaaSシステムを導入したりしたものの、使いこなせずにいた。

そうした状況でCDO（チーフデジタルオフィサー）として参画したのがコンサルファーム出身の上野氏だ。上野CDOは着任早々モバイルアプリの導入、店舗内IoTの整備などに着手した。徐々にデジタル化が進み始めてはいるものの、現場のメンバーがデータを活用できる状況には至っていない。

上野CDOは半年前にBIツールを導入し、担当者に酒井さんを指名した。データの整備や収集の自動化は保守ベンダーである「ABCソリューションズ」に担当してもらい、彼女はBIツールの研修を受け、各部門から集まる要望を順次ダッシュボードにしていった。

使われないダッシュボードと旧態依然の報告書

操作マニュアルも用意し、説明会も開催して、順調な進捗と思われたが、現在利用されているダッシュボードは数えるほどである。利用しているユーザーもダッシュボードのデータをダウンロードしてExcelで加工するなど、導入以前と変わらないExcel報告書が今も使われている。

この状況をどうにかしたいと上野CDOは考えていたが、酒井さんが産休に入ることで担当者不在となったため、デジタル推進に興味があると言っていた田中さん(あなた)を新担当にすることにした。

新担当に任命された田中さんは上野CDOからの指示で、BIツールの研修を受講し、前任者の酒井さんから業務の引継ぎを受けることになった。

前任者からの引継ぎ

酒井さん

「来月から産休なので、今日は担当している業務を引継ぎさせてもらいます。」

田中さん

「よろしくお願いします。」

酒井さん

「私もこの業務を始めたのは半年前。BIツール研修を受けて、自分なりに試行錯誤したけど、うまくできているかは自分でもわからない。でも昔はExcelで集計してパワポに貼り付けていたと思うと、一度チャートを作ればデータ更新は自動だし、一応使えていると思うわ。」

田中さん

「私も研修を受講してきました。最新のBIツールはすごいですよね。」

酒井さん

「これ（次図）が、現在使っているダッシュボード。いろんな部署の人から要望をもらって、その都度チャートを作ってきたもの。あるタイミングから量が増えてきたので、店舗系、財務系、マーケ系とわかるようにダッシュボード内に区分けしていったの。」

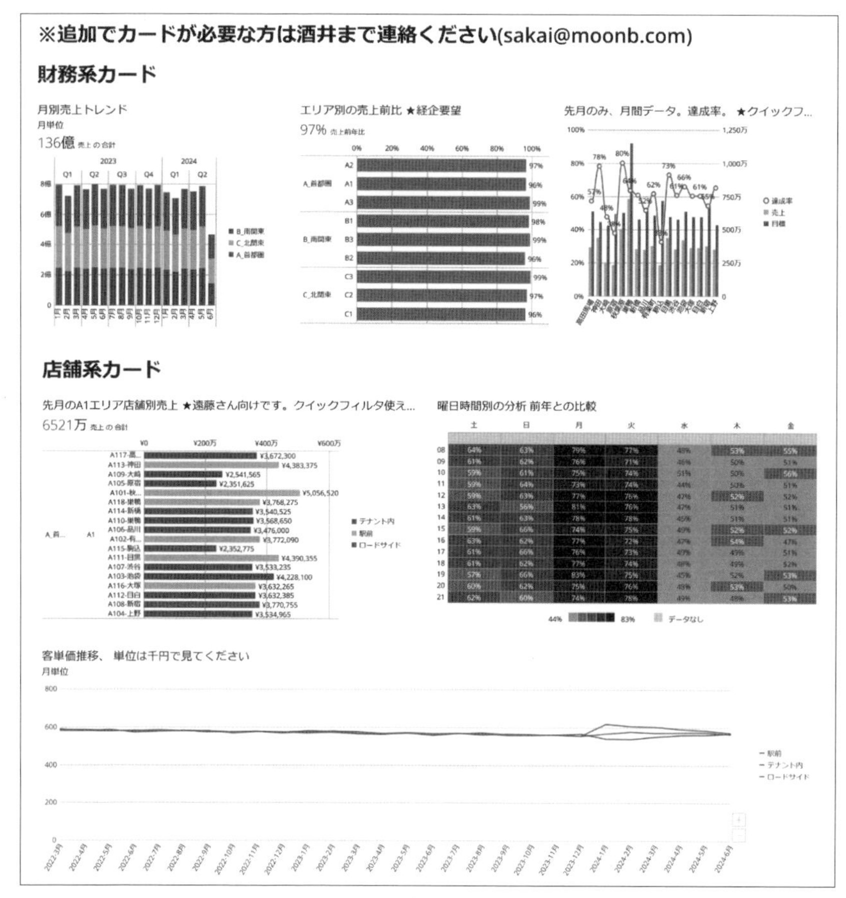

■ 図1-2　酒井さんが作成したダッシュボード

田中さん

「たくさんのチャートが並んでいますね」

酒井さん

「クリックしながら使うことを前提にしているから、画面は味気なく見えるかもしれないけれど、説明しながら使うとみんな“いいね！”と言ってくれる。一つの店舗、例えば「A105-原宿」をクリックするとダッシュボード全体がフィルタされて、この店舗の詳細がよくわかるの！」

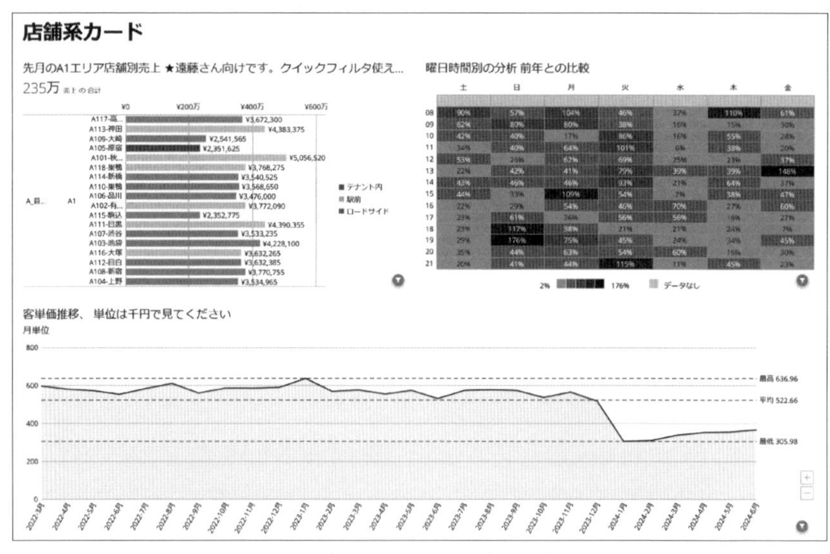

■ 図1-3　酒井さんが作ったダッシュボード（任意店舗選択時）

田中さん

「曜日や時間別の数値まで、よくわかります。」

酒井さん

「少し前に社長がダッシュボードを見て、“すばらしい、経営と現場が同じ数字を見て動けるのは最高だ”とほめてくれたの。確かに、よくいわれる『データ経営』、みんなが同じ数字を見る意味はあると思った。」

田中さん

「その通りですね。」

酒井さん

「チャートを作ってほしいと問い合わせがあったら、できているものがあったらそのダッシュボードのURLを貼り付けて、返す感じ。チャートはかなり作ったので、最近はもう問い合わせも落ち着いてきたかな。」

―上野CDOとの事後会議―

上野CDO

「あのダッシュボード、実は評判悪いんだ。現場の人から使いづらいと聞いている。問い合わせるのも面倒だから自分たちでダッシュボードからデータをダウンロードしてExcel使っていると。」

「僕も見ているけど、なんか、かっこよくない、微妙なんだよね。」

田中さん

「そうだったんですね。」

上野CDO

「モバイル導入や店舗内IoT整備なども進めているけど、ダッシュボードが今のままだと、"モバイル導入で得たデータもExcelで見るんですか？"とか"現場はExcel集計で忙しいのにまだ忙しくなるんですか？"とか言われそうで、早いところ解決したいんだ。」

田中さん

「はい、具体的に何をすればいいですか？」

上野CDO

「かっこいいダッシュボードを作ってほしい。いや、かっこわるくてもかまわないが、"使われる"ダッシュボード、もっと言えば"使われ続ける"ダッシュボードを作ってほしい。」

田中さん

「"使われ続けるダッシュボード"ですね。」

上野CDO

「"使われ続ける"ダッシュボードによってデータ活用が進めば、無駄な業務がなくなり、他のデジタル推進も加速する。なにより社長が大切にしているこの企業の理想像に近づくと思う。難しいお題かもしれないけど、ぜひ、頑張ってほしい。」

1-1 なぜダッシュボードが使われないのか

「せっかく作ったダッシュボードが使われない」というのはBI製品を導入したユーザーからよく聞かれる不満の一つです。ストーリーの中では酒井さんが最新のBI製品を導入し、研修を受けて現場に浸透させていった試行錯誤がみてとれますが、努力の甲斐もなくせっかくのBI製品はお蔵入り寸前です。

本章では、ダッシュボードが使われない理由について詳しく見ていきます。まず次図の「①品質の問題」「②導線の問題」「③保守の問題」を説明します。

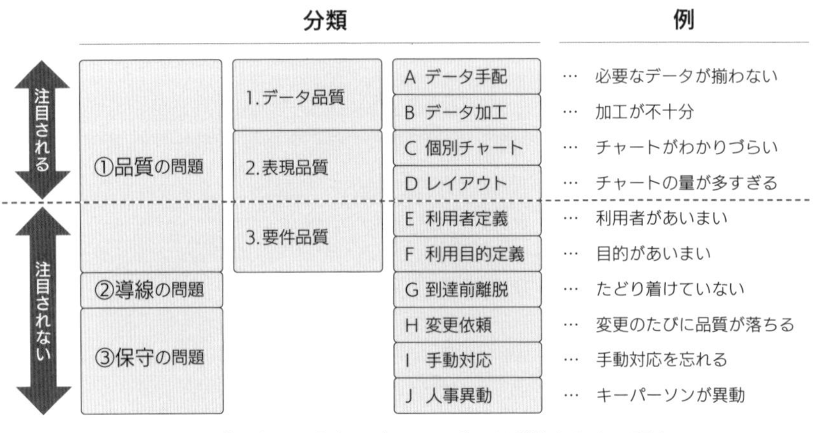

■ 図1-4（図序-1再掲） ダッシュボードが使われない理由

「①品質の問題」とは“ダッシュボードの魅力が低い”ということです。品質は大きく次の3つから構成されます。

1. データ品質
2. 表現品質
3. 要件品質

データサイエンスを用いてBの「データ加工」品質を向上させたり、さまざまなチャートビジュアライゼーションのテクニックを習得してCの「個別チャート」品質を向上させたりするなどのアプローチがありますが、品質の根幹は「3.要件品質」にあり、「E 利用者定義」と「F 利用目的定義」の深掘りが何よりも大切な領域となります。

「②導線の問題」とは“ダッシュボードの魅力を感じるまでのコストが高い”ということです。利用者からすれば、ダッシュボードがリリースされたときには物珍しさから閲覧するかもしれませんが、一巡すると、**ダッシュボードの魅力に対して払う行動コストの費用対効果によって使うか否かが決まる**ので、導線を改善して利用者の情報獲得コストを下げる必要があります。

「③保守の問題」とは“ダッシュボードの魅力を維持できない”ということです。変化の激しいビジネス環境において利用者のニーズも変化し、利用可能なデータも日々拡大していくことを考えると、どうしても保守という観点が必須となります。保守を怠ると魅力が低下する可能性があるので、体制面の工夫、変更管理に対する考え方などを整備していく必要があります。

1-2 ダッシュボードの魅力を決めるものは何か

1-2-1 魅力を決める3つの品質

ダッシュボードの品質は先述した3つの要素で決まるわけですが、データ品質、表現品質の土台となるのは要件品質です。それぞれの要素の詳細を図1-4の分類に沿ってまとめていきます。

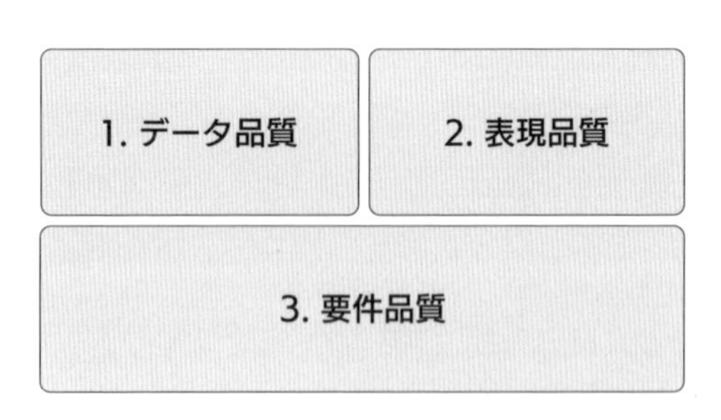

■ 図1-5 品質問題に関する分類の位置関係

1. データ品質

「A データ手配」… 適切な更新頻度で、ほしい粒度・期間のデータが利用できるか？

「B データ加工」… 使いやすいデータに集計・クレンジングできているか？

2. 表現品質

「C 個別チャート」… 効果的・効率的に伝わるか？

「D レイアウト」…… 心地よい分量か？ 意味のある配置か？

3. 要件品質

「E 利用者定義」…… WHO：誰のためのダッシュボードか？

「F 利用目的定義」… WHY：どんな用途で利用するのか？

「Aデータ手配」の問題は、そもそも利用できるデータに限りがあることです。日別でほしいデータが月別でしか手配できなかったり、システムの都合上、過去数カ月分しか取得できなかったり、政治的な理由からデータを共有してもらえないなど、ダッシュボードに必要なデータを手配できない事態が発生します。読者の皆さまにとっては対処が難しいケースが多いため、本書では制御不可能なものとして扱います。

「B データ加工」の問題は、データが存在しても統合や集計、クレンジングができないことです。目標データと実績データのように粒度が異なるものを統合できなかったり、手動入力によるデータの揺らぎを整えられなかったりと、この問題に対処できないとダッシュボードにするまでの過程でさまざまな足かせとなってしまします。**この問題の難易度を上げているのが、多すぎる利用可能項目**です。3章の後半で利用可能データをどう認識するかに着目して解説します。

「C 個別チャート」と「D レイアウト」の問題は、適切なチャートを利用して効果的にデータを表現し、ユーザーに心地よい配置のダッシュボードを提供できないことです。ストーリーの中で前任者の酒井さんが作成したダッシュボードには、財務系と店舗系が一つにまとめられていました。月別地域別の売上チャートもあれば日別の客単価もあるなど、さまざまな要素が詰め込まれていたのです。

企業内のデータ活用の文脈で使われる「経営と現場が同じ数値を見て動く」という言葉は魅力的に聞こえます。しかし、人によって見たい内容や粒度が異なるため、それらすべてを満たそうとすると必然的にチャートの量が増えてしまいます。その結果、見たいものを探すのに苦労する状況を生み出してしまいます。自分には関係のない、ノイズの多いダッシュボードは魅力的ではありません。そのため、“心地よい分量”に分割したり、利用者の視線を意識した“意味のある配置”を考えるための技法が重要です。

これらについては、3章で詳しく学んでいきます。

「E 利用者定義」と「F 利用目的定義」の問題は、利用者や目的が曖昧であることです。品質の問題の根幹をなす部分ですので、深掘りしていきます。

1-2-2 ダッシュボードを作る目的を明確にする、とはどういうことか

ダッシュボード構築に関わったことがある人であれば“ダッシュボードを構築する目的を明確にしましょう”というガイドを受けたことがあると思います。この「目的を明確にする」とはどういうことを意味するのでしょうか？

「売上状況を知りたい」という目的であったとしても、部長クラスが知りたい場合はカテゴリ別や地域別などの管理粒度の情報であり、現場の営業マンが知りたい場合は自分と自分のチームの売上のことかもしれません。つまり**同じ目的でも「利用者別（役職別）」で意図するニュアンスが異なる**と考えられます。

ダッシュボードの設計にあたっては、「利用シーン別」と「デバイス別」の観点も目的の一部として検討する余地があります。利用シーン別の観点では、例えば会議で利用することを前提とするダッシュボードなのか、あるいは毎朝、新聞を読む感覚で情報配信されるときに使うダッシュボードなのかを考慮します。

一方、デバイス別の観点では、PCやタブレット、モバイルなどの違いを踏まえ、机に座っている時を前提とするか、それともタクシーで移動中に見るという前提を加えるかなどを検討します。これらの観点を考慮することで、ユーザーの実際の使用状況に合わせた、より効果的なダッシュボードの

設計につながります。

さらに、ダッシュボードを見て行動を起こすのが目的という場合でも、即行動を起こすのか、導き出した洞察をチーム内で熟慮し決断するようなものなのか、**打ち手の時間感覚の違いも考えなくては**なりません。

このように**目的を明確にするという行為自体にさまざまな観点がある**ことがわかります。また、“観点”だけでなく“程度”の問題もあります。次図は依頼者が作成者に対して目的を説明をしているところですが、「悪い例」の列にあるように「SCM部門の人たち」という“誰が？”の説明や「半導体不足で納期を気にする人が多いから」という“なぜ”の説明では、さまざまな想像の余地を残してしまうことになります。

結果的に作成者は焦点を絞れずに作業を開始し、利用者がダッシュボード閲覧時にいくつかの操作をすることで目的を果たしてもらおうという考えにつながり、その操作方法の必然性がわからない閲覧者からすると価値を感じられないダッシュボードと判断されてしまうのです。

要望	区分		悪い例	良い例
納期遅延の状況を知りたい	誰が？	WHO	SCM部門の人たち	(5人の部下を持ち、関東エリアの配送業務を管理する) 田中課長
	なぜ	WHY	半導体不足で納期を気にする人が多いから	週次進捗会議で現状の遅延概況を把握し、主要顧客へのケアを計画するため。また、一時的な業務ポリシーを策定すべきかを判断し、必要に応じて吉田部長にエスカレーションするための材料とするため
売上の状況を知りたい	誰が？	WHO	営業部門の人たち	(8人の部下を持ち、関東エリアの営業活動を管理する) 佐藤課長
	なぜ	WHY	売上進捗や顧客別の状況を気にする人が多いから	週次進捗会議で現状の売上進捗状況を把握するとともに、営業員の負荷状況を見て商談活動の支援や他担当者への再割り当てを検討するため

■ **図1-6　依頼者と作成者が想像する利用者の違い**

「良い例」のような要望を説明するには具体的な前提、目的、対象、範囲等々を事前に決めておく必要があり、これが設計の必要性につながることになります。

1-2-3 「アドホック分析」と「定常レポート」の混同

目的を考える際に必ず押さえてほしいのは、次の2つの用途の切り分けです。

1.新たな知見を獲得して重要な判断を下す
2.状況を把握してすぐに行動を起こす

一般的に前者を「アドホック分析」、後者を「定常レポート」と呼びます。

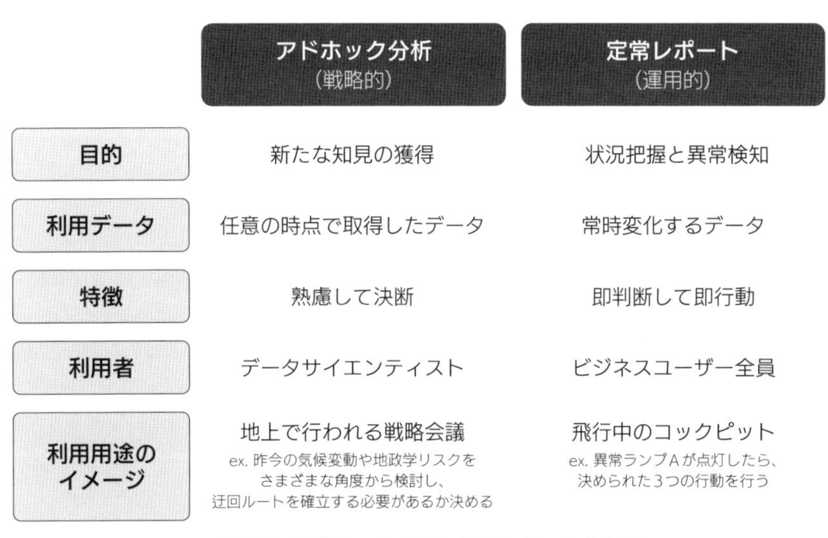

■ 図1-7　アドホック分析と定常レポートの比較

航空会社を例にとって両者の違いをイメージしてみましょう。

「アドホック分析」とは、**会社が任意のタイミングで行う戦略会議**で使われるものです。ここでは、中長期的な視点に立って安全な運航のためには何が重要なのか？　ということが話題に上ります。例えば「パイロットの前日の睡眠時間が何時間を下回ると事故リスクがどれだけ上がるのか」、「昨今の気候変動や地政学リスクを鑑みてどの程度状況が悪化したとき航路を迂回するのがベストな選択か」といった内容です。これらが明確になった時、さまざまな打ち手が検討され、**いくつかの会議を経て業務に取り込まれる**ことになります。つまり、熟慮が必要であり、決定には時間がかかります。

「定常レポート」とは、**飛行機を運航中のパイロットが見たいもの**です。空を飛んでいるときには刻々と変わる状況を把握し、現在の計器が示す数値に異常がないか、目的地まであと何kmかといった内容の確認、把握が必要とされます。**これらに問題があれば即行動を起こすべきだからです。**

ダッシュボードの中に上記の両方を満たすチャートが混同すると、**テンポよく状況を確認して行動を起こす判断をしたい気持ちと、腰を据えて熟慮したい気持ちが錯綜し、目的が曖昧で魅力が低いダッシュボードになる原因になります。**

さて、ナイチンゲールの逸話は、データに基づいた意思決定の有名な事例として知られています。1854年のクリミア戦争で、彼女は看護婦として戦地に赴きました。そこで死亡原因のデータを鮮やかなチャートで表現し、関係者に訴えかけました。その結果、翌年に衛生向上の指令を出させることに成功し、死亡率を減少させたのです。

この事例は、「アドホック分析」と「定常レポート」のどちらに該当するでしょうか？

その答えは「アドホック分析」です。これは、特定の問題に対して一時的に行われる分析であり、ナイチンゲールの取り組みはまさにこれに当てはまります。

筆者がデータ分析に関する書籍を読み込む中で気づいたことがあります。それは、世の中の分析技術の多くがアドホック分析に傾倒しているということです。そのため、この領域の情報は豊富で、学びやすい環境が整っていると考えられます。

一方で定常レポートは、リアルタイムデータ連携を低コストで実現できるようになった**昨今の技術革新により実現可能になってきた新しい領域であり、流通している情報が少ない**のが現状です。

しかし、**定常レポートはアドホック分析に比べて実装難易度が低く、使い続けることで永続的に価値を享受できる領域であるため、多くのビジネスパーソンは定常レポートに関する領域を皮切りにダッシュボード構築を始めるのがよい**と考えます。

アドホック分析と定常レポートを見分ける方法については、3-3-7で取り扱いたいと思います。

1-2-4　インタラクション機能の功罪

BI製品が進化するにつれてインタラクションフィルタという機能が標準搭載されるようになりました。Excelでのスライサー機能にあたります。この機能があるおかげで、例えば組織別に並んだ棒チャートがあるときに、一つの要素をクリックすればダッシュボード全体がその要素にフィルタされた状態になるというユーザビリティを得られます。

ストーリーの中でも酒井さんから、
「クリックしながら使うことを前提にしているから、画面は味気なく見えるかもしれないけれど、説明しながら使うとみんな“いいね！”と言ってくれる。」
「一つの店舗をクリックするとダッシュボード全体がフィルタされて、この店舗の詳細がよくわかるの！」
という発言が出ていました。

ダッシュボードを分割しなくても“ユーザーにクリックしながら使っても

らえばよいのではないか？”“これによってさまざまな目的に答えられるのではないか？”という考えが設計の際に芽生えますが、初めてダッシュボードを利用するユーザーからすると、「どこをクリックすればいいのか」、「元に戻したい場合はどうすればいいのか」、「二段階でフィルタを利かせることはできるか」といった疑問を持たせることになってしまいます。疑問を尋ねるのが面倒なので尋ねない、疑問があるままではダッシュボードの価値を感じられないといった悪循環につながるリスクもあります。分析業務に精通した人向けの探索系ダッシュボードでない限り、ユーザーにクリック操作を期待するのは控えるのが無難です。

1-2-5　配慮されないレイアウトと個別チャート

ダッシュボード上に並ぶチャートの分量が心地よいものとして、次に問題なのは「C 個別チャート」や「D レイアウト」です。これらは、ユーザーの満足度の大部分を占めるものです。

並べ方は利用者の視点の動きやストーリー性を意識することで改善が可能です。この配慮がなされないままだとダッシュボード上にはチャートが置かれただけとなってしまい、複数のチャートを同時に見ることで得られるメリットを享受できません。

また、チャート作成の際に、チャートのタイプを決め、X軸、Y軸に利用する列を決めた時点で作業が終わった気になってしまうのですが、フィルタや色、軸ラベルなどのプロパティへの配慮を忘れると、利用者が効率よく情報認識する際の足かせとなります。

見慣れないチャートの多用も認識を阻害します。ガントチャートやサンキーチャート、バイオリンチャートなど設計者や実装者が高度な可視化として用い、満足感を得る気持ちはわかりますが、使いどころを間違えたり利用者に意図が伝わりにくいものになってしまっては元も子もありません。**説明されないとわからないチャートは、ダッシュボードを利用しなくなる可能性を高めます**。

ダッシュボードの利用者は、実装者が考える以上に初見のチャートに対して (口には出しませんが) 疑問を持っているので、使い慣れないチャートタイプを無理して使わず、レイアウトやプロパティへの配慮をおろそかにしないことが重要です。3-8-2でチェックリストを含めて説明します。

1-3 ダッシュボードの導線を考える

1-3-1 ユーザーはどこで離脱するのか

多くのユーザーがそもそもダッシュボードに辿り着いていないこと、図1-4 (P32) にある「②導線の問題」についても認識しておく必要があります。

次図は、ユーザーがダッシュボードを見て行動を起こすまでのプロセスを表したものですが、多くの離脱ポイントがあることがわかります。使い慣れたユーザーにとってはあたり前のことでも、初めての利用者や数カ月ぶりに利用するユーザーにとっては、そのあたり前が通用するとは限りません。

この工程に対して払う行動コストがダッシュボードの魅力に対して釣りあわない場合、ユーザーはダッシュボードを閲覧することを習慣化できないので、ストーリーの中で上野CDOが嘆くような、現場がExcel集計の運用に逆戻りということが発生してしまいます。

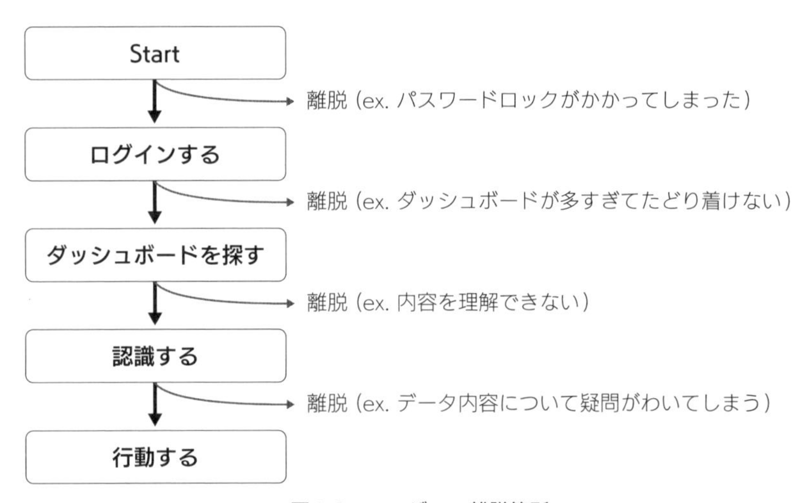

■ 図1-8 ユーザーの離脱箇所

マニュアル作成や説明会の開催でユーザーに対して手厚く案内できる場合もありますが、ダッシュボードを見る人が経営層に近づくほどマニュアルは読まれず、説明会に参加する可能性も下がります。そのため、「お気に入り」機能（ダッシュボードを探さずに済む機能）やメール配信機能（ログインさせずに済む機能）、またシステム利用統計を活用し、検討・対策することで少しでも離脱を回避させる工夫が求められます。さらに、ダッシュボードを見るきっかけを増やす意味では、次の要素も検討の余地があります。

1. デバイスの多様化（PC／モバイル／タブレット）
   → PC以外でも閲覧できる状況をつくる
2. 認知媒体の多様化（社内でのディスプレイ表示／社内イベント／コミュニティ）
   → 周囲の活用事例の把握から、利用を促す
3. アラートの活用
   → ダッシュボードを見るべき時が来たことを知らせる

加えて、「認識する」「行動する」という工程の直前で離脱させないためには、序章で紹介した“問い”を起点にしたアプローチを意識することが有効です。有効な“問い”にするための手法は第3章で説明します。

1-4 ダッシュボードの魅力を維持できない理由

1-4-1　魅力を下げる3つの原因

せっかく魅力的なダッシュボードができ上がったとしても、その魅力を維持できなければ、利用され続けるとは限りません。図1-4にある「③保守の問題」の以下3つがその理由です。

「H 変更依頼」… 変更依頼を無条件に反映させ、変更のたびに品質が低下する
「I 手動対応」… データ収集の自動化に限界があり、手動対応を忘れる
「J 人事異動」… キーマンが異動して、保守できなくなる

1-4-2　変更依頼の対応方針問題

リリースしたダッシュボードの利用者から変更要望が来た際に、既存のダッシュボードに反映するべきか、別のダッシュボードを新しく作成するべきかで迷った経験がある方は多いと思います。気の知れた同僚からの依頼であればまだしも、上司や経営層からの依頼となると反映させなければならないと考えてしまいがちです。

これを繰り返すと魅力的だったダッシュボードにチャートが増え続け、品質は低下の一途をたどることになります。変更依頼に対しては、取り込むのか別ダッシュボードに切り出す（分割する）のか基準を設けて判断していかなくてはなりません。このテーマは第4章で取り扱います。

1-4-3　データ収集自動化の問題

技術の進化により多くのシステムデータが自動連携できるようになったことで、ダッシュボードの維持コストは大幅に削減されましたが、データ収集を自動化できない手動対応の領域も存在します。

社外情報や、システム化されていない予算情報などがその一例です。予算情報については、Excelで管理している企業もまだ多く、年次の予算データや月次の着地見込みデータなどを手動で取り込むことを前提としているケースが散見されます。予算情報の更新などは年に一度の作業であるため属人化しやすく、本人でさえ更新作業方法を忘れていたりするので、ダッシュボード実装完了時までには保守計画を立てる必要があります。ただし、この保守計画は計画倒れに陥るリスクがあるため、次の内容を推奨します。

1. 手動取り込みの作業をなるべく少数の担当者に集約する
2. (ダッシュボード構築に不慣れなうちは) 自動化できないデータ収集があるトピックなどをそもそも選択しない

1-4-4　体制上の問題

担当者の交代によってダッシュボードが維持できなくなるケースも存在します。スキルが高く、過去の経緯を理解した担当者が異動になる場合などです。ダッシュボードの保守作業ができるメンバーを育成することや、その保守業務自体の外注化などの対策を考える必要があります。

なお、内製化と外注化は組織の中で意識が揺れ動くのが常です。「DIY (内製)」といったり、「餅は餅屋 (外注)」といったり、世の中のトレンドとも同期しながら方針が行ったり来たりします。ある程度の業務量になってからは、両方が選択できる状態を築くのが理想です。

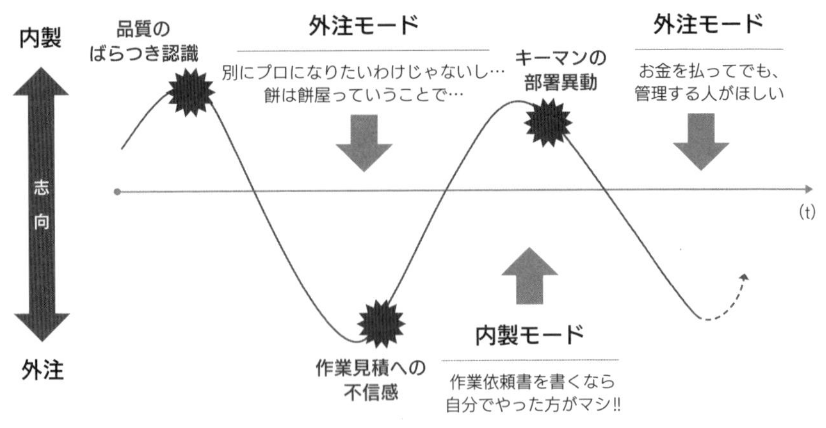

■ 図1-9　内製・外注志向の経年変化

1-5 なぜ「設計」が必要なのか

1-5-1　品質問題への事前対処

品質、導線、保守の問題を考察してきましたが、なぜ「設計」が必要なのかを改めてまとめていきます。

設計を行うことで得られる効果の1つ目は、**品質問題への事前対処**です。「3.要件品質」を高めることによって「1.データ品質」、「2.表現品質」に対する期待が明確になり、結果的にダッシュボード構築の難易度を下げる効果があります。いつまでも終わらないデータ整備や無限に求め続けるチャートビジュアライゼーションに別れを告げ、本当に必要な要件に焦点を定めることが意識づけられます。

この実現には「E 利用者定義」と「F 利用目的定義」を行う必要があります。安定した品質で定義するためには、この定義に必要な情報を事前に決め、要望が来るたびにその情報をまとめなければなりません。これが設計作業であり、可能な限り標準化して遂行することが求められます。

1-5-2 計画精度の向上

2つ目の効果は、計画精度の向上です。**設計時点で満足できないものは実装しても満足できない**ため、設計工程を配置することで**そもそも着手しないという選択肢が生まれたり、設計の時点で有効性を再認識し、リソース投下に迷いがなくなる**といった計画精度向上による効果を享受できるのです。

実際に設計スキルを習得し、設計作業が定着するようになった組織は、次のネタ選び（トピック選定）に意識が向かうようになります。ダッシュボード構築によって効果創出を狙うのならば、よいネタを選びたいと思うのは当然ですが、**適切な設計工程を経験すると、ネタ選びに関する本気度が一気に変わる**のです。

実装を経験していない人が計画や設計作業を実行できるのか疑問を持たれますが、可能です。実際に、多忙な中で会議に参加した部長が描いたラフスケッチが名作ダッシュボードを生み出す姿を見ていますが、部長に実装経験はありません。

1-5-3 本業への集中

3つ目の強調したい効果は、本業への集中です。設計を行うことで他者に実装を依頼することが可能となり、設計者自身は本業に集中することができるようになります。外注だけでなく、社内にいる得意な人に任せることも含めて、実装にリソース投下をしすぎない意識を持つことが大切です。実装領域は技術トレンドの影響を受ける領域であり、習得コスト、キャッチアップコストが存在するからです。

生成AIの発展が著しい現代において、設計スキルは極めて重要な転用可能なスキル（ポータブルスキル）です。AIを活用して成果を上げるには質の高いプロンプト（AIに与える指示や質問）の作成が欠かせませんが、質の高いプロンプトは内容や構造がしっかりとしています。

曖昧なプロンプトを与えれば曖昧な回答が返り、逆に具体的で明確なプロンプトを与えれば、AIはそれに応じた高品質なアウトプットを生成します。

質の高いプロンプトを作成する能力とは言い換えれば設計スキルそのものであり、AIとの対話だけでなく、問題解決や創造的思考など、多くの場面で活かせる重要な能力となります。

ダッシュボードの設計を学ぶことは、このような一生モノの設計スキルを身につける絶好の機会です。ここで学んだスキルは、AIの活用だけでなく、さまざまなプロジェクトや課題解決に応用できるでしょう。一緒に、この価値ある設計スキルを学んでいきましょう。

1-6 章のまとめ

本章ではダッシュボードに関する課題について品質、導線、保守の3つの分類を深掘りし、設計の必要性を確認しました。

①品質の問題

ダッシュボードの魅力を決める構成要素にはデータ品質、表現品質、要件品質が存在し、要件品質が上がらない理由は「(WHO) 誰が」「(WHY) なぜ」の曖昧さにある。

②導線の問題

多くのユーザーがそもそもダッシュボードに辿り着いていない可能性を認識する必要がある。さまざまな観点での対策が存在する。

③保守の問題

ダッシュボードの魅力を維持するためには、変更依頼に対する対応方針を立て、維持コストを認識し、体制について検討する必要がある。

設計の必要性

設計を行うことで品質の問題への事前対処に関する効果や計画精度向上による適切なリソース投下判断などの効果を享受できる。また、設計と実装を分けることで他者に実装を依頼する選択肢が生まれる。

次章では、これらの問題に対処するための設計技法について、全体像から捉えていきます。

Chapter2

第2章

全体構築
—ダッシュボードができるまで—

ダッシュボードを構築するには、要件やデータなどの素材集めから始める必要があります。本章では、実際のヒアリング例を紹介します。依頼者が望む内容や提示するデータから、何を読み取るべきでしょうか？また、ダッシュボード構築における設計の位置づけをどのように考えればよいでしょうか？

2-0 〈ストーリー 2〉初めてのヒアリング

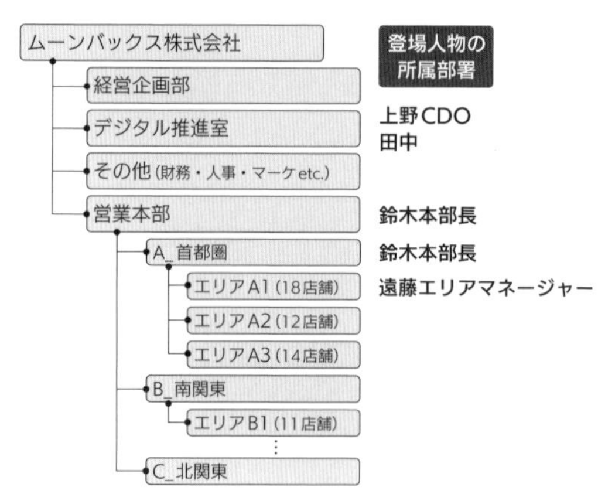

■ 図2-1　ムーンバックスの組織図

構築に向けたヒアリング

上野CDO

「営業系で最初の成果を出したいと思ってる。営業組織は組織図の通り、鈴木本部長を頂点とした階層で、地域、エリア、店舗という構成。」

「デジタル活用に積極的なのがエリアマネージャーの遠藤さんだから、遠藤さんに価値を感じてもらい、鈴木本部長が使える！ と評価してくれたら最高。」

「ゆくゆくは店長まで使ってもらえるとありがたい。」

「社員全員が同じ数字をみて目標に向かうとよく聞くけど、そういうのを実現したい。」

「来週遠藤さんにヒアリングする機会をもらったから、頑張ろう！」

―1週間後―

遠藤エリアマネージャー

「上野CDOから話は聞いてるよ。今使ってるレポートを説明するね。こんな感じで、店舗別の売上がわかるようになってる。」

		年月	2023-01			…	2023-02		
地区	エリア	店舗名	売上	客数	売上_前年	…	売上_前年	売上前年比	客数_前年
A_首都圏	A1	秋葉原	¥5,590,205	11,124	¥5,976,250		¥5,135,680	98.0%	10,715
A_首都圏	A1	大塚	¥5,753,080	11,359	¥5,747,690		¥4,959,795	100.8%	10,208
A_首都圏	A1	新宿	¥5,574,775	10,512	¥5,709,600		¥4,834,890	104.6%	9,920
A_首都圏	A1	駒込	¥5,758,890	11,119	¥5,868,960		¥4,870,025	104.7%	10,192
A_首都圏	A1	渋谷	¥5,484,780	10,940	¥5,752,030		¥5,136,405	98.6%	9,998
A_首都圏	A1	新橋	¥5,741,660	11,246	¥5,487,235		¥5,173,315	97.8%	10,152

■ **図2-2**　遠藤エリアマネージャーが利用する既存レポート

※表・数字はイメージです

「以前は男女別や、年代、アルバイト一人当たりの生産性みたいな表もあったけど、集計作業が手間なので、今はシンプルにこの表のみ。」

「僕はエリアマネージャーとして、各店舗の売上目標達成を支援しなければならないし、売上不振が続きそうなら鈴木本部長に共有する。こうやって経営層と現場をつないでいるんだ。」

田中さん

「経営層と現場をつなぐ、大事なポジションですね！ このExcelレポートは、いつ、何のために使うんですか？」

遠藤エリアマネージャー

「このExcelレポートは、2つの使われ方がある。一つは、毎週火曜の夜に行われる店長会議で18店舗の店長と30分ミーティングしているけど、そこで前年より売上が順調だったり芳しくない店舗について、店長側からコメントもらってみんなで話し合う。」

「もう一つは、このExcelレポートと合わせて月に一度、店舗別の目標データと合わせて本部長に報告する。」

田中さん

「売上がよくない場合、どんなことに注目しますか？」

遠藤エリアマネージャー

「まず客数と客単価が重要だね。天気なども影響するけど、それはどうにもならないからね。」

「客数や客単価の変化には理由がある。例えば、近くに商業施設ができて人の数が増えたり、ファストフード店が近くにできてフードの売上が減って客単価が下がったりする。こういった情報を店長と共有して、対策を打てるかどうか議論するんだよ。」

「ところで時間帯別の客数を凄く知りたいんだけど、それは可能かな？ これはアルバイトのシフト管理に関係していてね。シフトの時間帯は大体、朝、昼、夕、夜とで分けているんだ。去年と比べて客数が増えているなら増員を検討するなど、参考にしたいんだよ。店舗間でのアルバイトの移動も可能なんだ。例えば、店舗Ａで空いているアルバイトを、客数が増えた店舗Ｂにヘルプに入ってもらえないか、といった話を店長会議でできるといいなと思っているんだ。」

「経営層側は売上達成に注目しがちだけど、僕らエリアマネージャーからすると、店長を助けてあげたい気持ちが強いんだ。何とかしたいところなんだよ。」

「たまに商品企画の人が現場視察に来てね。新商品が売れているか、物販とのセット売り比率がどうかとか聞かれるんだ。こういうのもダッシュボードになるのかな？ まあ、これは商品企画側の話かもしれないけど。」

売上日	時刻	店舗ID	店舗名	商品ID	カテゴリ	商品名	販売数量	区分	エリア	地区	立地区分	店長	席数	駐車場（台数）	ドライブスルー	開店日	閉店日
2023/1/2	13:00-14:00	A101	秋葉原	1	ドリンク	ドリップコーヒー	42	レギュラー	A1	A_首都圏	駅前	池田 心結	18		無	2010/10/15	2199/3/31
2023/1/2	13:00-14:00	A102	有楽町	1	ドリンク	ドリップコーヒー	69	レギュラー	A1	A_首都圏	駅前	橋本 遼人	31	5	有	2020/3/16	2199/3/31
2023/1/2	13:00-14:00	A103	池袋	1	ドリンク	ドリップコーヒー	78	レギュラー	A1	A_首都圏	テナント内	長谷川 大吾	29		無	2017/3/1	2199/3/31
2023/1/2	13:00-14:00	A104	上野	1	ドリンク	ドリップコーヒー	71	レギュラー	A1	A_首都圏	テナント内	中川 陽太	29	2	有	2014/12/9	2199/3/31
2023/1/2	13:00-14:00	A105	原宿	1	ドリンク	ドリップコーヒー	69	レギュラー	A1	A_首都圏	テナント内	中山 優	25	2	有	2010/3/15	2199/3/31
2023/1/2	13:00-14:00	A106	品川	1	ドリンク	ドリップコーヒー	81	レギュラー	A1	A_首都圏	ロードサイド	石田 颯太	19		無	2013/5/11	2199/3/31
2023/1/2	13:00-14:00	A107	渋谷	1	ドリンク	ドリップコーヒー	88	レギュラー	A1	A_首都圏	テナント内	今井 渉	7		無	2009/8/18	2199/3/31

■ **図2-3**　レポート作成のための元データ1：売上情報

店舗ID	店舗名	年	1月	2月	3月	4月	5月	6月	7月
A101	秋葉原	2022	¥4,900,000	¥5,400,000	¥6,500,000	¥6,700,000	¥6,800,000	¥6,600,000	¥6,800,000
A102	有楽町	2022	¥6,400,000	¥5,600,000	¥5,900,000	¥5,900,000	¥5,600,000	¥6,000,000	¥5,300,000
A103	池袋	2022	¥6,600,000	¥5,300,000	¥5,500,000	¥6,100,000	¥6,600,000	¥5,500,000	¥6,700,000
A104	上野	2022	¥5,600,000	¥6,100,000	¥5,300,000	¥6,800,000	¥5,600,000	¥7,100,000	¥7,000,000
A105	原宿	2022	¥5,900,000	¥6,500,000	¥5,800,000	¥5,000,000	¥5,200,000	¥6,600,000	¥5,900,000

■ **図2-4**　レポート作成のための元データ2：目標情報

商品ID	カテゴリ	商品名	販売価格	区分	販売開始日
1	ドリンク	ドリップコーヒー	319	レギュラー	2013/1/1
2	ドリンク	アイスコーヒー	319	レギュラー	2013/1/1
3	ドリンク	カフェラテ	400	レギュラー	2013/1/1
S_01	ドリンク	桜香るラテ	400	シーズン	2023/3/1
S_02	ドリンク	桜香るドリップ	319	シーズン	2023/3/1
4	ドリンク	エスプレッソ	420	レギュラー	2023/1/1
5	ドリンク	チャイティーラテ	380	レギュラー	2023/1/1
6	ドリンク	レモネード	360	レギュラー	2023/1/1
7	ドリンク	チョコフラペチーノ	680	レギュラー	2017/10/1
8	ドリンク	キャラメルマキアート	780	レギュラー	2017/10/1
9	ドリンク	アイスティー	430	レギュラー	2013/1/1
10	フード	ニューヨークチーズケーキ	472	レギュラー	2014/10/1
11	フード	オリジナルスコーン	320	レギュラー	2014/10/1

■ **図2-5**　レポート作成のための元データ3：商品マスタ

2-1 ダッシュボード構築工程の全体像

設計を理解するためには、設計がダッシュボード構築工程のどこに位置するのかを把握する必要があります。しかし、ダッシュボード構築に関する工程定義は世の中に浸透しているものがありません。そのため、本書では以下の通り工程を定義し、各工程に関係する人をストーリーに合わせて示します。自分の会社にはCDOも保守ベンダーもいないという場合は、CDOは上司、保守ベンダーは周りにいる得意な人と置き換え、読み進めてください。

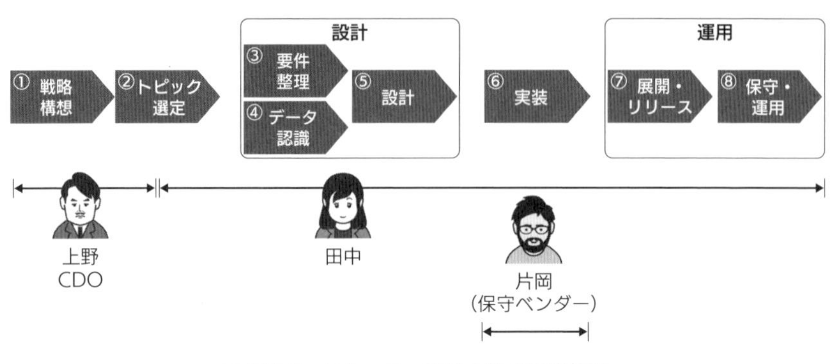

■ 図2-6　ストーリー登場人物の担当範囲

「①戦略構想」とは、自社がどのような戦略でデータ活用をしていくかの方針を立てることです。企業の中期経営計画に基づいたデータ戦略ロードマップや方針書などの文書化が行われている場合、正式な文書化まではできていないがある程度の方針が定められている場合、データマネジメント方針書やデータ活用人材育成計画書など関連する領域ごとに文書化が行われている場合、全く行われていない場合などが想定されます。

「②トピック選定」とは、どのような内容のダッシュボードをどのような優先順位で着手するかを選定することです。データ活用の序盤戦では、今回のストーリーでデジタル活用に積極的な遠藤エリアマネージャーの要望を取り上げたように、対象利用者の興味が優先されます。

ダッシュボード構築の経験を重ねると、リソースを投下しても使われなかったり、簡単にできあがったのによく使われたりすることがわかってきます。事前にダッシュボードの候補リストを洗い出し、魅力度と難易度を評価して優先順位を検討することになります。

「③要件整理」とは、利用者が見たいものや見るべきものを整理していく工程です。要件を概要レベルで箇条書きしたり、決められたフォーマットに従ってまとめたりします。

「④データ認識」とは、利用可能なデータを手配し、認識する工程を示します。データが手元にある場合や依頼して取得する、あるいは外部業者から購入して手に入れる場合などがあります。また、手元にあるデータがどういう意味を持つのかを認識し、必要に応じて詳しい人に確認する作業も含まれます。

「⑤設計」とは、利用可能なデータと整理した要件をもとにダッシュボードの最終イメージをラフスケッチして、関係者間でレビューする工程です。本書では、「③要件整理」「④データ認識」「⑤設計」の3つの工程を“広義”の設計と認識して取り扱います。

「⑥実装」とは、利用できるデータを加工・統合したり、BIツールを用いて可視化したりすることです。さらに、利用を促進させるためのアラート設定やダッシュボードのメール定期配信などの設定もここに含まれます。

「⑦展開・リリース」とは、実装したダッシュボードを利用者に披露することです。

「⑧保守・運用」とは、一度リリースしたダッシュボードに対して変更依頼を反映したり、月次・年次で更新が必要なデータを維持、管理することです。

今回のストーリーでは、遠藤エリアマネージャーと「②トピック選定」「③要件整理」「④データ認識」の工程に関するやり取りが行われていたことになります。一度のヒアリングで「③要件整理」「④データ認識」を完了させるのは難しいので、実際には初回のヒアリングを受けて質問事項を洗い出し、その回答を得てから設計に着手することになります。どのような質問をするべきか、どう設計するのかを理解するため、今度は設計工程を細分化していきたいと思います。

2-2 設計の全体像

ダッシュボード構築工程の全体像の中で、「③要件整理」「④データ認識」「⑤設計」の領域を詳細化したものが次図です。(以降、図2-6の「③④⑤」を「1.2.3.」に振り替え)

「1.要件整理」「2.データ認識」「3.設計」の3つがそれぞれ3つのStepで構成されるため「3×3の設計技法」と呼んでいます。「1.要件整理」と「2.データ認識」はどちらから始めてもかまいませんが、両者がそろわないと「3.設計」工程に入れないことに注意してください。

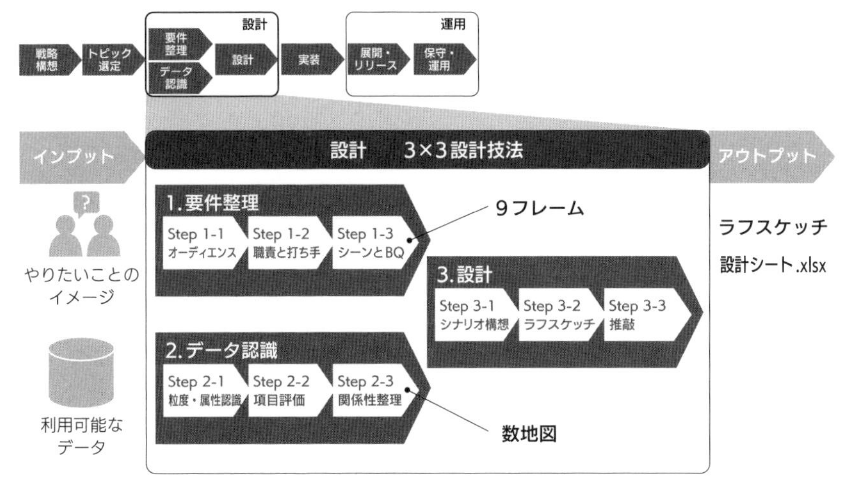

■ 図2-7（図序-5再掲）　3×3の設計技法全体像

「1.要件整理」するためのインプット情報は、やりたいことのイメージです。ストーリーの中では遠藤エリアマネージャーが今どんなレポートを見ているのか、過去にどんな議論があったかを伝えてくれましたが、この情報をもとに、3 Stepで内容を深めていきます。

Step 1-1：オーディエンス

ダッシュボードの利用者であるオーディエンスやその周辺の状況を整理していきます。どのような役職なのか、例えば誰なのか、組織図のどこに位置するのか、上下左右にはどんな人がいるのかなどをまとめていきます。

Step 1-2：職責と打ち手

オーディエンスは組織においてどのような職責を担っているのか、その職責の人が講じることができる打ち手は何なのかをまとめていきます。

Step 1-3：シーンとBQ（ビジネスにおける“問い”）

オーディエンスがダッシュボードを見るシーン（きっかけや方法）、関心のある「問い」を洗い出し、整理していきます。

「2.データ認識」をするためのインプット情報は、利用可能なデータです。すでに準備されている場合とこれから手配しなければならない場合があります。データ手配には限界があるので、利用可能なデータを最大限使いこなすためのデータ認識をどのように行うのか、その3 Stepをみていきましょう。なお、設計に不慣れなうちは、Step3を割愛し、Step2までを着実に行うよう意識してください。

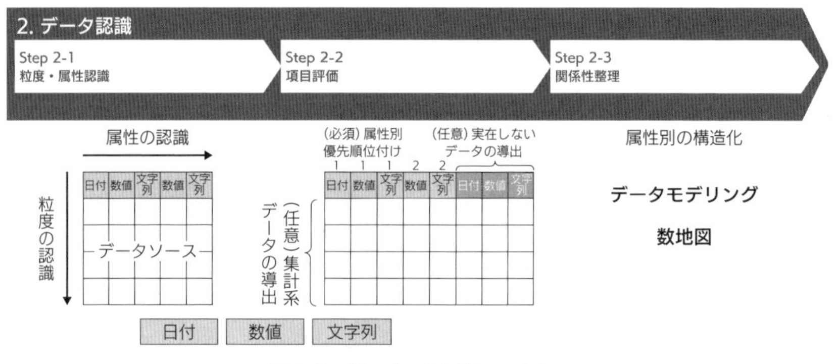

■ 図2-8 「2.データ認識」の3 Step

Step 2-1：粒度・属性認識

データソースの「行」に着目し、1行を固有にしている要素を特定していきます。いわゆる「粒度」の確認です。次にデータソースの「列」に着目します。列数が多い場合は、属性（数値・日付・文字列）を意識して紐解いていきます。

Step 2-2：項目評価

複数ある項目からダッシュボード上に利用する可能性が高いものを属性別に選定（優先順位付け）していきます。データソースには実在しないが導き出せる項目についても目星をつけていきます。

Step 2-3：関係性整理

文字列型・数値型それぞれに関係性を整理する手法を用いて整理をしていきます。

「3.設計」の前工程である「要件整理」と「データ認識」の結果を準備できれば、次の3 Stepでラフスケッチを描き、推敲していくことで質の高いアウトプットができあがります。

Step 3-1：シナリオ構想

オーディエンスやシーン、「問い」、打ち手を組み合わせる作業です。ダッシュボードの統合・分割を意識しながら「問い」を研ぎ澄ましていきます。

Step 3-2：ラフスケッチ

シナリオ構想に基づいて、「問い」の答えを表現していきます。何度も描き直すことになるため“手書き”することを推奨しています。

Step 3-3：推敲

シナリオ構想やラフスケッチの時点で適度な推敲やレビューを行うことで、品質を高め、手戻りコストを低減していきます。

なお、全体を通して肝になる部分はStep1-3、Step2-3、Step3-1であり、これを効率よくクリアするために「9フレーム」(参照：3-3-7) と「数地図」(参照：3-6-2) が考案されました。

次節で、設計で利用する用語について理解を深めていきます。

2-3 設計の用語理解

2-3-1 Business Question (BQ)

「Business Question (以降BQ)」とは、業務に関するダッシュボードを設計する際に使用する、ビジネスにおける“問い”のことです。BQが生まれる背景は、次のようなことです。

1.「課題」があるなら、検知して、対処したい
→ 放っておくと悪影響
(ex.顧客満足度の低いサービスはないか？)
2.「機会」があるなら、検知して、行動したい
→ 放っておくと機会損失
(ex.未提案のサービスはないか？)

「ビジネス課題」や「ビジネス機会」ではなく、あえて「BQ（ビジネスクエスチョン）」とすることで、"問い"を立てることの効果を享受することができます。ただし、何も考えずに"問い"を立てればよいわけではありません。

悪いBQ："問う"ても意味がなく、エネルギーを消耗させる
良いBQ：認識を強め、行動を促す

「BQ（ビジネスクエスチョン）」というからには、「Business Answer」も必要でしょうか？ 答えはYesです。

次図が示す通り、"問い"に対する"答え"がすぐ下に配置されると、事実認識するコストを下げる効果があることがわかります。"問い"と"答え"がダッシュボード上で表現されていると、「何のためのダッシュボードか」「知らせたいことは何か」という情報が明確になるため、設計する時点でユーザーへの配慮が自然と行われることが実感できると思います。

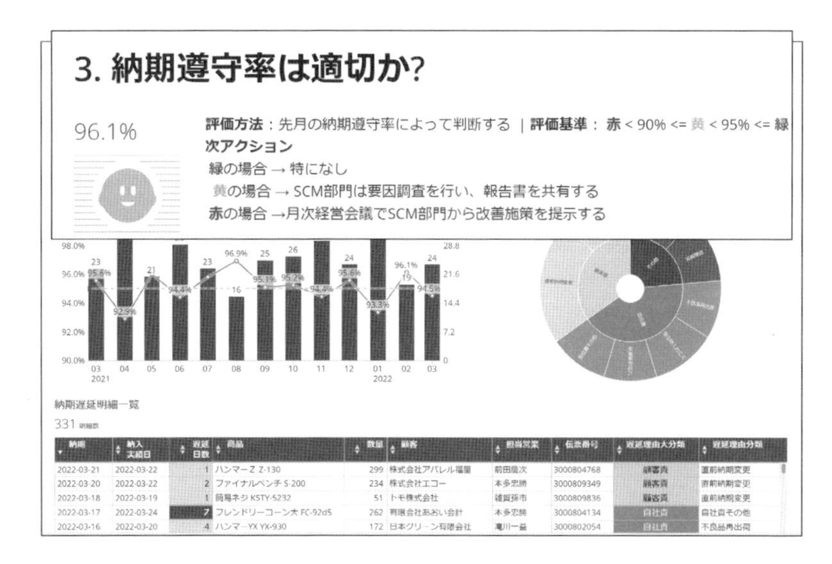

納期	納入実績日	遅延日数	商品	数量	顧客	担当営業	伝票番号	遅延理由大分類	遅延理由分類
2022-03-21	2022-03-22	1	ハンマーZ Z-130	299	株式会社アパレル福屋	前田慶次	3000804768	顧客責	直前納期変更
2022-03-20	2022-03-22	2	ファイナルペンチ S-200	234	株式会社エコー	本多忠勝	3000809349	顧客責	直前納期変更
2022-03-18	2022-03-19	1	簡易ネジ KSTY-5232	51	トモ株式会社	雑賀孫市	3000809836	顧客責	直前納期変更
2022-03-17	2022-03-24	7	フレンドリーコーン大 FC-92d5	262	有限会社あおい会計	本多忠勝	3000804134	自社責	自社責その他
2022-03-16	2022-03-20	4	ハンマーYX YX-930	172	日本グリーン有限会社	滝川一益	3000802054	自社責	不良品再出荷

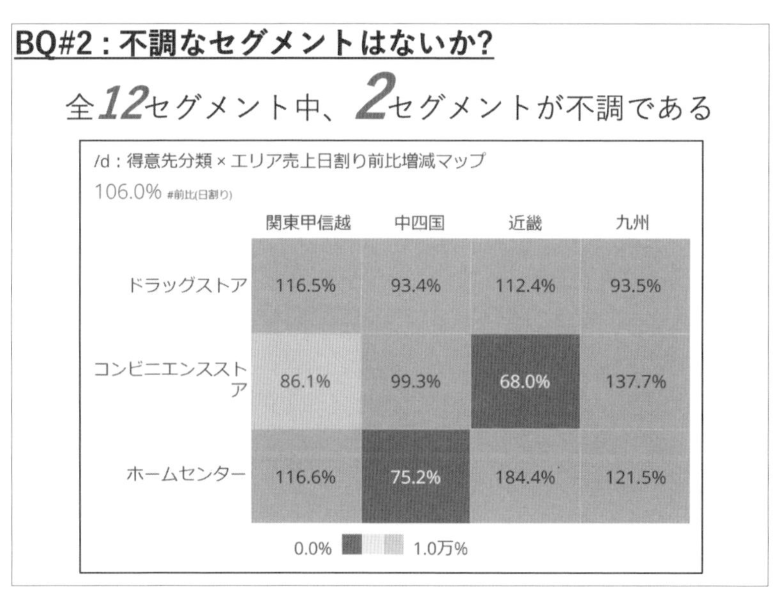

	関東甲信越	中四国	近畿	九州
ドラッグストア	116.5%	93.4%	112.4%	93.5%
コンビニエンスストア	86.1%	99.3%	68.0%	137.7%
ホームセンター	116.6%	75.2%	184.4%	121.5%

凡例：■赤 ■緑 ■黄色

■ 図2-9 BQに対する答えを配置した例

2-3-2 オーディエンス

BQについて考え始めると、見る人によってそのBQを知りたいかどうかが変わることに気づくと思います。本書では、見る人（利用者）のことをオーディエンスと呼びます。**オーディエンスとは、「BQを"問う"主体のこと」**です。

図2-9の下のチャートでは"不調なセグメントはないか？"と問われており、中四国のホームセンターの領域が赤く（濃いグレー）なっている事実を確認できます。このBQを知りたいと思うのは誰でしょうか？

多くの人が「経営層」と答えるかもしれません。しかし、ここで考えてみてください。自社の経営層は実際に何人いますか？ ホームページで確認しても、どこまでを経営層と呼んでよいのか判断がつかないと思います。オーディエンスを考える際は漠然と「経営層」を対象とするのではなく、**特定の人物の実名を書き出すことが有効です**。例えば「山田執行役員」とすることで、オーディエンスの特徴や興味領域を具体的にイメージできるようになるため、**チームで議論するときの効率が各段に向上**します。

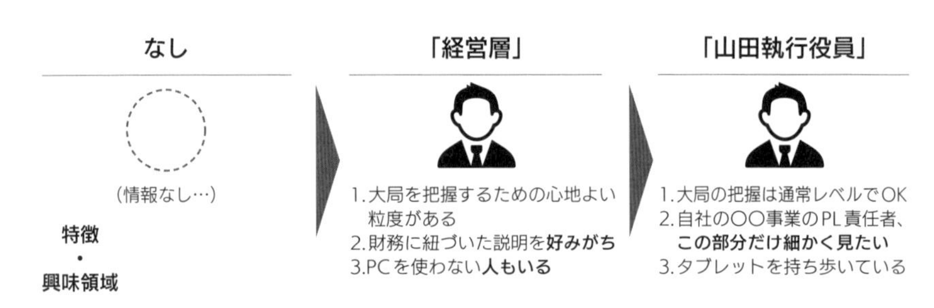

■ 図2-10 オーディエンスの定義

2-3-3　シーン

「山田執行役員」をオーディエンスとした場合、山田氏がダッシュボードを見るきっかけや方法はどのようなものが考えられるでしょうか？ オーディエンスが「**BQを"問う場面想定"のこと**」をシーンと呼びます。

次のような「シーン」のバリエーションから、ダッシュボードの閲覧のタイミングが多岐にわたることがわかります。

「いつ？」のバリエーション

＜定期的＞

会議で

決められたタイミングで

(ex.毎朝/毎週水曜日10時に/毎月第2営業日に)

＜不定期＞

自分の席で

通勤電車で

社内を歩いているときに

ランチや飲み会で同僚と話すとき

「何を？」のバリエーション

(操作可能な) ダッシュボードを

ダッシュボードのスクリーンショットメールを

アラートメールを

「どうやって？」のバリエーション

PCで

モバイルで

タブレットで
室内共用ディスプレイ（ex.天吊りディスプレイ）で

2-3-4　職責

「山田執行役員」がダッシュボードを見る目的はどのようなことが考えられるでしょうか？ ここで考えなければならないのが職責です。職責とは、「職務上の責任」です。例を示します。

「世界的な半導体不足により、納期遅延が発生している」という事実に対して、経営層、管理職層、一般層は、次図のような課題認識を持ちますが、その背景には職責の意識が存在します。

■ 図2-11　事実に対する職責別の課題認識比較

職責について、このように書き出してみるとあまり違和感なく受け入れられると思います。

設計において職責を意識するメリットは次の2つです。

1. BQの違和感に気づくことができる
2. 職責が曖昧な「ポテンヒット」領域（後述）を認識できるようになる

1.については、一般層（担当者）の方に対して“今四半期のセグメント別の売上増減状況は？”というBQを定義すると、なぜ担当者なのにそれを知る必要があるのかという疑問がわきます。本来であれば経営層が問いそうなBQだからです。逆に経営層に対して“現在納期遅延が起こっている伝票件数は何件あるか？”というBQを定義すると、それは担当者に任せるべきではないかと感じられます。

これらは極端な例ですが、経営層と管理職層、管理職層と一般層など近接した関係においては、誰にとってのBQなのかが曖昧なケースが出てきます。その際に、職責というキーワードを認識できるとBQの精度向上につながります。2.については、3-2-3で詳細に説明します。

2-3-5　打ち手

打ち手とは、「**オーディエンスが行使できる行為**」のことです。オーディエンスが職責を担っているので、「山田執行役員」だからこそ講じることのできる打ち手というものがあります。

経営層に近い職責のオーディエンスでは打ち手の影響度が大きいので、打ち手を講じる頻度は小さくなります。そのため、経営層に近いオーディエンスほど打ち手を発動するかどうかを決める先行指標を確認する要求が出てきます。

一般層に関する打ち手は、伝票の対処などのオペレーショナルな業務など、講じる頻度が高く、影響度は小さい傾向にあります。また、事実を認識してから打ち手を講じるまでの判断ロジックが一定である場合、認識から打ち手までの自動化余地についても検討が必要になります。

打ち手についてのポイントは次の通りです。

- 職責によって講じることのできる打ち手が異なる
- 影響力の違いにより行使する頻度が異なる
- 影響力が大きく、頻度が低い打ち手は先行指標の確認要求が出る
- 影響力が小さく、頻度が高いものは自動化余地を検討する必要がある

2-3-6 シナリオ

ここまでの説明をまとめると、**職責を背負ったオーディエンスが各シーンにおいてBQを"問う"て打ち手を講じる**という流れがみえてきます。この流れを「シナリオ」と呼びます。各要素の関係性を次図に示します。

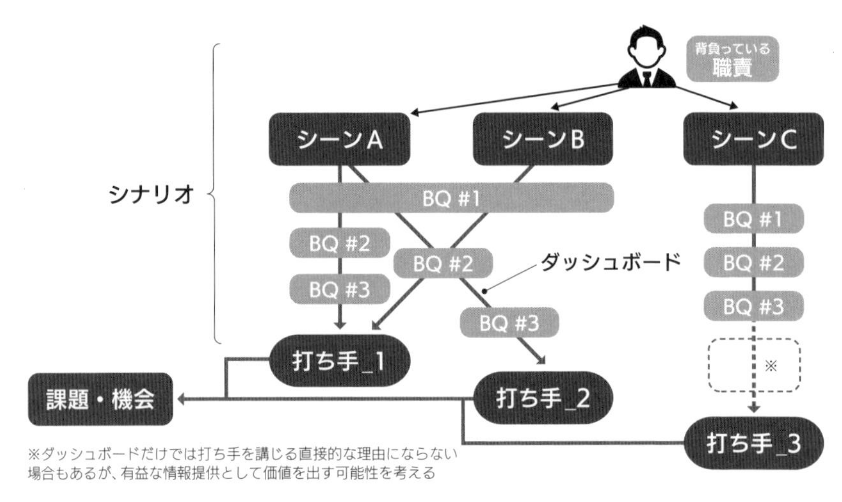

■ 図2-12 シナリオを構成する要素

さらに、具体的な展開を示すと次図のようになります。

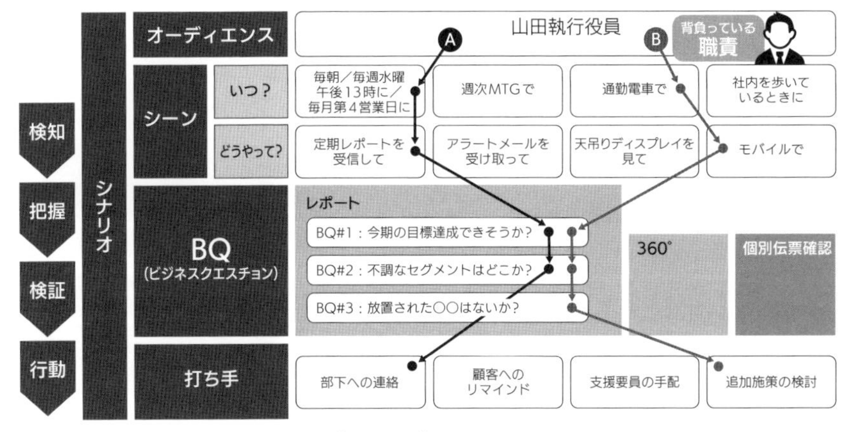

■ **図2-13**　ダッシュボードA、Bのシナリオ例

ダッシュボードを継続的に利用してもらうには、オーディエンスにとって適切なタイミングに短時間で、必要な情報を得られる状況をつくり出すことが重要です。ダッシュボードの設計にあたり、こうした全体像を思い描くことが効果的です。各用語を正しく理解して要件整理を進めていきましょう。

2-3-7　設計シート

「3×3」の設計において、抜け漏れの防止や関係者間のコミュニケーション円滑化を目的として開発されたのが「設計シート」です。「設計シート」はExcelファイルであり、次のようなSheetで構成されます。

Sheet名	区分	備考
0.背景情報	任意	背景情報をまとめるための補助シート ※必要に応じて利用
1.要件整理	準必須	オーディエンスの区分けと規模感に関する共通認識を作るためのシート
2.データ認識	必須	データについてまとめた開発者への必要情報連携用シート
3.シナリオ構想	必須	**設計におけるメインシート** **※1、2を完成させてから着手**
4.ラフ	必須	ラフイメージの記載箇所 **※3.を完成させてから着手**
補足_PARTS	任意	ラフ作成時に便利なオブジェクト集

本書で解説した内容はこの「設計シート」と連動しています。設計シートは巻末の「読者特典データのご案内」に掲載したURLからダウンロードが可能です。

2-4 章のまとめ

本章ではダッシュボード構築工程における設計の位置づけや、設計で使う用語について解説してきました。設計工程を認識し、関係者を巻き込んで効率よく活動推進していくためには共通言語が必要になります。要点は次の通りです。

ダッシュボード構築工程の全体像

戦略構想から保守・運用までの工程を認識し、関係する人の役割分担を意識する。

設計の全体像

「1.要件整理」「2.データ認識」「3.設計」の3つをそれぞれ3つのStepで分けた「3×3の設計」を設計の全体像としてとらえる。

設計の用語

「1.要件整理」で利用される用語、「BQ」「オーディエンス」「シーン」「職責」「打ち手」「シナリオ」について理解し、関係者とのコミュニケーションを円滑にする。

次章では、"3×3の設計技法"について詳細に確認していきたいと思います。

Chapter 3

第3章

設計技法

―3×3の設計技法―

ダッシュボードを設計するには、要件やデータを正しく認識し統合していく必要があります。この過程を体系的に進めるため、ここでは"3×3の設計技法"を紹介します。この技法は以下の3つの主要プロセスを、それぞれ3つのステップに分けて進めます。

1. 要件整理
2. データ認識
3. 設計

この方法を用いることで、ダッシュボード設計の各工程を高品質に進めることができます。各工程でどのような点に注意すべきでしょうか？ また、各ステップをどのように進めていけばよいのでしょうか？

3-1 〈Step1-1〉オーディエンスの整理 —誰のために作るか—

3-1-1 オーディエンスの周辺整理

オーディエンスを定義するときには、次のようなチェックポイントを意識して一覧化をすることから始めます。

1. その人の実名は？
2. その人の上司と部下は？
3. その人と同じ職務に就く人は他に何人いる？
4. その人と連携する部署との関係性は？

自分の所属組織以外の領域を設計するために、初めてコンタクトする人にヒアリングをしなければならない場合は、次図のようなイメージで手書きすることを推奨しています。

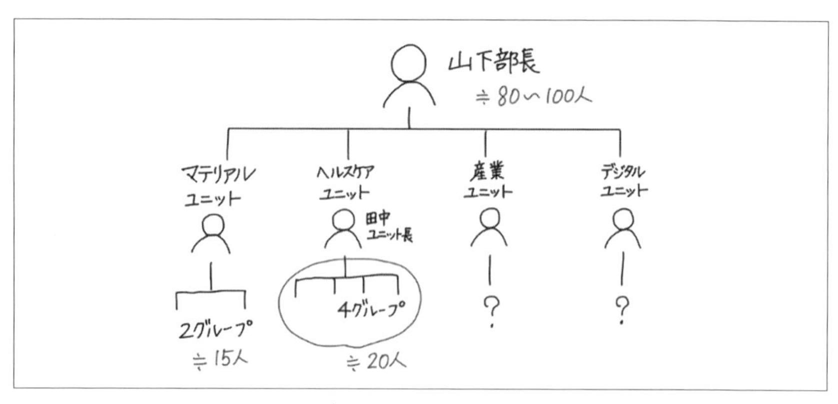

■ 図3-1　ヒアリング中に描くオーディエンス周辺情報まとめ

オーディエンス周辺の人数規模やコミュニケーションのパス（通り道）、サンプルユーザーなどをつかむことが重要なので、不明であれば「？」としてもかまいません。組織図を参照してもよいですが、組織図では表せない部署間のやり取りの感じなどは手書きでまとめる方が直感的にとらえられるので、ヒアリング中に手書きのメモを確認しながら進めるのが効率的です。

ストーリーに戻り、オーディエンスの一覧化作業を一緒に進めてみましょう。先述の「設計シート」の「1.要件整理」シートを使います。

「田中さん」のヒアリングで確認したように、遠藤エリアマネージャーが現在利用している「Excelレポート」をもとにダッシュボードの作成にとりかかります。

「2つの使われ方がある。一つは、毎週火曜の夜に行われる店長会議で18店舗の店長と30分ミーティングしているけど、そこで前年より売上が順調だったり芳しくない店舗について、店長側からコメントもらってみんなで話し合う。」

「もう一つは、このExcelレポートと合わせて月に一度、店舗別の目標データと合わせて本部長に報告する。」

という発言の情報をもとにオーディエンス定義を進めます。

ここでは、遠藤エリアマネージャーの周辺にはどんな人がいるのかを整理していきます。ストーリーから、店長、本部長、自分（遠藤マネージャー）の3種類のオーディエンスがいることがわかります。最初に提示された組織図も参考に本部長が部長を兼任していることを含めて、書き出すと次表のようになります。

ID	人数	オーディエンス	サンプルユーザー
A	≒10人	エリアマネージャー	遠藤さん
B	≒100人	店長	山田さん
C	≒3人	部長	鈴木さん
D	1人	本部長	鈴木さん

シンプルに4つの列からなる表で定義していきます。ここで重要なのは**人数の規模感覚の把握と、サンプルユーザーの認識**です。例えば“遠藤さん”のようにエリアマネージャーを認識できると、関係者と連携するときにイメージを共有しやすくなります。

なお、要件を整理していく過程で、「店長の中にもロードサイド系店舗の店長と駅前系店舗の店長では見るべきものが異なるのではないか」となった場合には、次表のように更新して利用します。

ID	人数	オーディエンス	サンプルユーザー
A	≒10人	エリアマネージャー	遠藤さん
B-1	≒70人	店長（駅前系）	山田さん
B-2	≒30人	店長（ロードサイド系）	佐藤さん
C	≒3人	部長	鈴木さん
D	1人	本部長	鈴木さん

特に、課長以下の一般職層では、職務内容が大きく異なることがあり、オーディエンス定義においてIDの細分化が必要になることが頻繁にあります。この**細分化は必要に応じて実施します。今回の議論では、メインターゲットは遠藤エリアマネージャーであり、彼が議論の中心人物です**。したがって、B-1、B-2などの詳細な分類は、現段階では不要です。

なお、組織図などがある場合は、後工程でのコミュニケーション効率化を目的として設計シート内にスクリーンショットを貼っておくことを推奨します。

3-2 〈Step1-2〉職責と打ち手を確認する ―どのような打ち手があるのか―

3-2-1 職責と打ち手の認識方法

オーディエンスの一覧化の次に職責と打ち手を確認します。ストーリーに合わせて書き出した例が次表です。太文字は、実際に遠藤エリアマネージャーが話していた内容、グレー地は想像で書いている内容です。

ID	オーディエンス	職責	打ち手
A	エリアマネージャー	**1. 店長を支援する** **2. 担当エリアの売上進捗管理を行う**	**1. アルバイトシフトの店舗間調整** **2. 特定の店舗の売上減少が著しい場合には部長に共有**
B-1	店長（駅前系）	1.自店舗の売上を作る 2.パート・アルバイトを手配して店舗運営を行う	1.パート・アルバイトのシフト管理 2.商品陳列変更指示 etc.
B-2	店長（ロードサイド系）	（上記に加え） 駐車場管理	（上記に加え） 駐車場契約変更
C	部長	1.複数の担当エリアの売上進捗管理を行う 2.人員構成管理を行う	1.エリアマネージャーの支援 2.人材採用
D	本部長	1.営業組織全体の売上進捗管理を行う 2.今後の売上計画を立てる（出退店判断）	1.中長期：店舗の出退店判断

職責・打ち手といわれても、意識して聞かないとわからず、聞きこんでも相手が理解していないということはよく起こります。また、一度書き出してみるとどこまで書くのかわからなくなることもありますが、書き出すことで関係者とのコミュニケーション円滑化につながりますので、以下のポイントを意識して書き進めてみてください。

書き出し時のポイント

1. 実際に聞いた話と、自分が想像した話に分けて記述する

※初期は実話をまとめるだけでも可

2. 想像部分については、よくある例をベースに書き出す（次項で説明）
3. 後工程（Step3-1：設計－シナリオ構想）段階で推敲する前提で進める

3-2-2　役職別、よくある職責と打ち手の例

企業が属する業種・業界、会社規模、部署別特性によって呼称の表記は異なりますが、次表のような大まかな仕分けが参考になります。

役職	職責	打ち手
経営層	中期経営計画の策定と遂行 四半期単位の目標進捗管理	特別施策の発動
管理職層	自部門の目標進捗管理 自部門のヒト・モノ・カネ管理	人員配置調整 主要案件への介入 業務ポリシーの変更
一般層	個別業務の遂行	個別案件・個別伝票の対応 異常時の上司への共有

一般的に、経営層は社外のステークホルダーに対して中期経営計画を基本とした計画を公表し、それを四半期単位で（計画と実績の）結果を報告する義務があり、それを支えていくのが管理職層、それを支える一般層という構図があります。

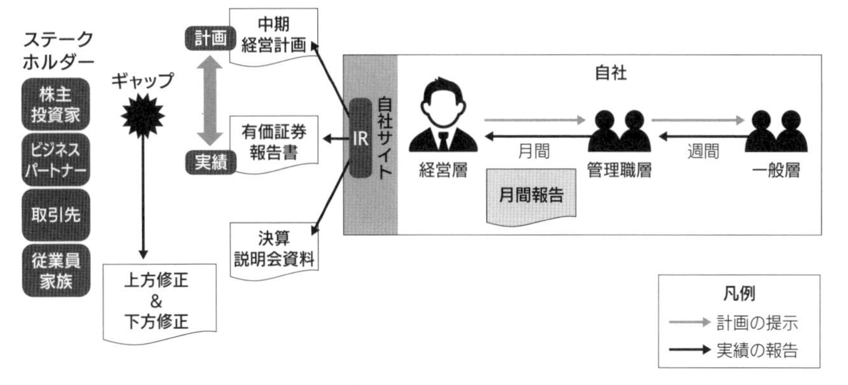

■ 図3-2　ステークホルダーに計画を提示し、実績を報告する流れ

「計画通りにならないのならば、特別施策を打つべきか」ということを経営層は考えなければなりません。管理職層は、自部門に割り当てられたヒト・モノ・カネを管理して目標達成を行う必要があり、そのために人員配置の調整や主要案件への介入、業務オペレーション維持や改善のための業務ポリシー管理を行うことになります。一般層では、個別伝票や個別案件、個別顧客へ対応することで業務を遂行し、手に負えないことは上司に報告・共有(エスカレーション)することが求められます。

一般的に、管理職層以上は財務諸表への意識が高く、思考の対象期間も長期的で、一般層に近づくほど財務諸表への関心は薄れ、目の前の伝票に意識が向き、思考の対象期間も短期化するということを頭に入れておくと、打ち手を考える際に短期的か長期的なものかを意識できるようになります。

3-2-3　過品質・無関心・ポテンヒット

実際にオーディエンス別に職責や打ち手を書き出してみると、当初の想定以上に難しく感じるかもしれません。現実の組織では職責の認識は曖昧であり、オーディエンスにヒアリングをすると職位のわりに重きを置いている業務や、逆に無関心になっている業務などが浮き彫りになるからです。

ストーリーで遠藤エリアマネージャーが「経営層側は売上達成に注目しがちなんだけど、僕らエリアマネージャーからすると、店長を助けてあげたい気持ちが強いんだ。何とかしたいところなんだよ。」と発言していましたが、部下思いな一面を持っていて店長との職責認識付近で過品質になる可能性があります。

一方で、「Excelレポートと合わせて月に一度、店舗別の目標データと合わせて本部長に報告する。」という発言があるわりにはその件については以後触れられておらず、本当は「売上不振が続きそうなら鈴木本部長に共有する」という行為に（頻度が低いからという理由があるかもしれませんが）関心が薄らいでいる可能性も感じることができます。

また、「たまに商品企画の人が現場視察に来てね。新商品が売れているか、物販とのセット売り比率がどうかとか聞かれるんだ。こういうのもダッシュボードになるのかな？ まあ、これは商品企画側の話かもしれないけど。」という発言からは、実はだれも職責意識のないポテンヒット領域の可能性があります。

このような部分は**ダッシュボードにすることで成果を生む可能性のあるポイントなので、まず書き出して関係者と議論を重ねることが推奨されます。**

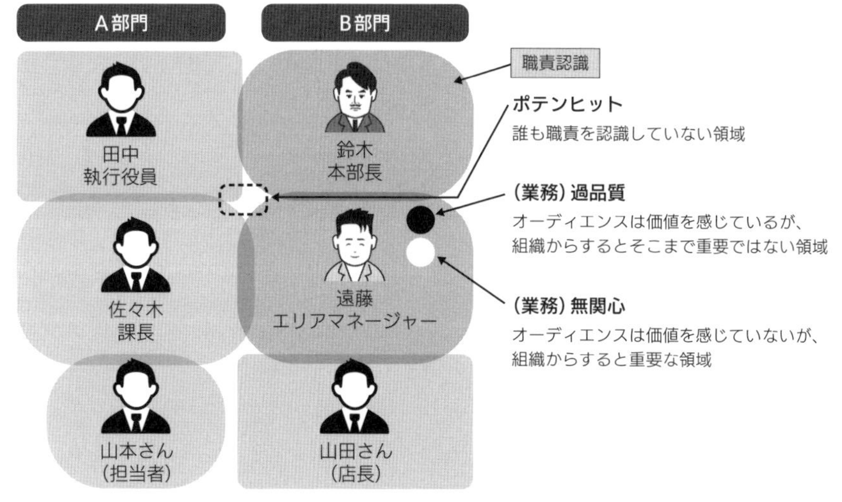

■ **図3-3** 曖昧な職責認識が生み出すポテンヒット・過品質・無関心

3-3 〈Step1-3〉閲覧シーンとBQの検討 ―どのシーンで何を問うか―

3-3-1 シーンとBQの検討方法

オーディエンスの職責と打ち手まで書き出してみると、オーディエンスへの理解が深まっていくことを実感できてきたかと思います。ここからはさらに解像度を上げるために「シーン」と「BQ」について掘り下げていきます。

ストーリーの中でシーンに関連しそうな箇所に番号(シーン①~③)、BQに関連しそうな箇所に番号(BQ候補①~⑧)を振ると次のようになりました。

「以前は**(BQ候補①)男女別**や、**(BQ候補②)年代**、**(BQ候補③)アルバイト一人当たりの生産性**みたいな表もあったけど、集計作業が手間なので、今はシンプルにこの表のみ。」

「僕はエリアマネージャーとして、各店舗の売上目標達成を支援しなければならないし、売上不振が続きそうなら鈴木本部長に共有する。こうやって経営層と現場をつないでいるんだ。」(中略)

「このExcelレポートは、2つの使われ方がある。一つは、**(シーン①) 毎週火曜の夜に行われる店長会議で18店舗の店長と30分ミーティング**してるんだけど、そこで前年より売上が順調だったり芳しくない店舗について、店長側からコメントもらってみんなで話し合う。」

「もう一つは、このExcelレポートと合わせて **(シーン②) 月に一度、店舗別の目標データと合わせて本部長に報告する**。」(中略)「まず **(BQ候補④) 客数と客単価**が重要だね。(中略) **(BQ候補⑤) 時間帯別の客数を凄く知りたい**んだけど、それは可能かな？ これはアルバイトのシフト管理に関係していてね。シフトの時間帯は大体、朝、昼、夕、夜とで分けているんだ。(BQ候補⑥) 去年と比べて客数が増えているなら増員を検討するなど、参考にしたいんだよ。」(中略)

「たまに **(シーン③)** 商品企画の人が現場視察に来てね、**(BQ候補⑦) 新商品が売れているか、(BQ候補⑧) 物販とのセット売り比率がどうか**とか聞かれるんだ。こういうのもダッシュボードになるのかな？」

整理すると次のようになります。

1.遠藤エリアマネージャーには、次表のシーンがあり得る

シーン候補	内容
①	毎週火曜の夜に18店舗の店長と30分の店長会議をしている
②	月に一度、本部長に報告している
③	たまに商品企画の人が現場視察に来て会話する

2.遠藤エリアマネージャーには、次表のBQ候補があり得る

BQ候補	内容	備考
①	**男女別は？**	昔は見ていたが、集計作業が手間なので今は見ていない
②	**年代は？**	
③	**アルバイト一人当たりの生産性は？**	
④	**客数、客単価**	現在見ている内容
⑤	**時間帯別の客数を凄く知りたい**	現在見ていないが、見たい要望がある
⑥	**去年と比べた客数**	
⑦	**新商品が売れてるか？**	「これは商品企画側の話か。」と続く程度の職責認識であり、優先度は低い
⑧	**物販とのセット売り比率がどうか？**	

書き出したシーンとBQの候補は、あくまで遠藤エリアマネージャーへのヒアリング中に出た言葉を拾っただけなので、口に出していないシーンやBQ候補が存在することを忘れてはいけません。またヒアリングができない状況やある程度目星をつけてからオーディエンスと会議をする場合などは、事前にBQ候補を自分で洗い出しておくことが理想です。

ここからは、BQ候補を**洗い出す手法**と**整理する手法**について説明していきたいと思います。

BQ候補を洗い出す手法

1. オーディエンスが参加する会議から考える… 会議マップ
2. オーディエンスが問うべきBQをテンプレートから考える
   … 進捗会議BQテンプレート
3. オーディエンスの利用想定場面の可能性を検証する
   … シーンバリエーション
4. オーディエンスの立場を想定してアイデアの幅だしを行う
   … 生成AIの活用
5. オーディエンスの行動をトレースしていく
   … フローチャートアプローチ

BQ候補を整理する手法

BQの整理方法　　　　　…９フレーム

3-3-2　会議マップ

会議マップとは、オーディエンス周辺の関係者が実施している会議の関係を図解して整理したものです。どのような頻度でどのような会議が存在するかを図解することで、会議に参加するときにオーディエンスがどのような気持ちなのかを想像することができるようになり、その会議で問うべきBQは何か？ という視点を持つことができます。

週次でチーム内議論をするときに気にすることや月次で部署を跨いで議論すること、そして四半期に一度振り返りや今後の方針を話し合うような場で議論すること、それらが何かを考えていくことでBQを洗い出してきます。

例えば、今月の目標を達成できそうか？ 自分のチームはやるべきことをやっているか？ といったBQは、定期的な進捗会議で問われそうなBQです。一方で、一人当たりの生産性はどうか？ 自社製品を初めて購入した顧客が２回目も購入するのか？ といった内容のBQはすぐに打ち手を講じるような内容ではないため、戦略系会議で話し合い、中長期的な決定の是非に使われるBQといえます。

ストーリーに沿って会議マップを適用させてみましょう。「遠藤エリアマネージャー」にまつわるシーンを会議マップを使って整理すると次のようになります。

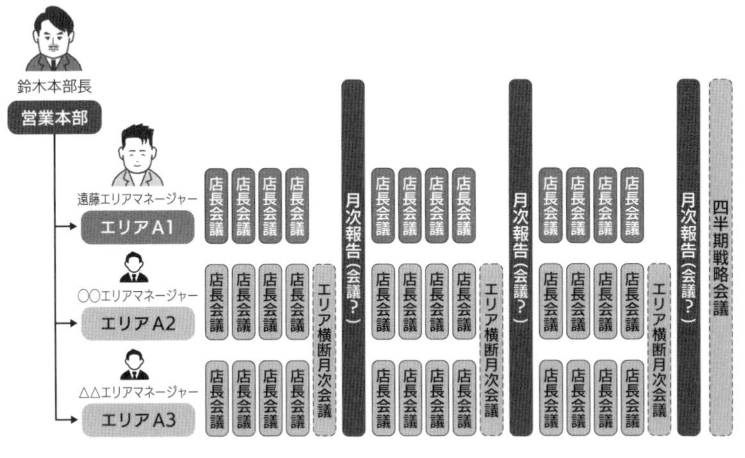

■ 図3-4　会議マップの適用例

シーン①の店長会議とシーン②の月次報告（報告なのか会議なのかは不明）は存在が確認できていますが、それ以外は仮に想定したものです。最終的にはオーディエンスに確認を取らなければ確定できませんが、図3-4のような会議マップを作成し、オーディエンスとともに完成させる手順を踏むと効率よくBQ候補を洗い出すことにつながります。

3-3-3　進捗管理のBQテンプレート

一般的な階層型組織における会議マップの中にはいくつもの進捗確認の会議がみられますが、継続的な目標達成をめざす組織においては、BQの型（テンプレート）が存在します。

BQ#1：目標達成できそうか？　… 達成度の確認
BQ#2：どこがダメ？　… 領域の特定
BQ#3：なんでダメ？　… 要因の特定
BQ#4：やるべきことしてる？　… 打ち手の検討

「目標達成できそうか？ どこがダメ？ なんでダメ？ やるべきことしてる？」とリズムをとりながら歌うように覚えます。**この型を覚えることでBQの抜け漏れに気づき**、データ認識における項目評価（3-5で解説）の際に活用できます。型とは異なる言葉やBQが追加されていくこともありますが、型から始めてカスタマイズさせるという意識で進めると効率的です。

営業組織の進捗会議でこのBQテンプレートを提示した際の回答サンプルを次表に示します。

BQ	テンプレート	回答例
1	**目標達成できそうか？**	できそうである（orできなさそうである）
2	**どこがダメ？**	A部門がダメ（or 商品Bカテゴリがダメ or 既存客はいいけど、新規客がダメ）
3	**なんでダメ？**	商談成約率が低い（or客数が少ない）
4	**やるべきことしてる？**	最終コンタクトから2週間経過している商談が9個ある

BQ#1については、オーディエンスの職責に関連する目標の達成度合いを確認するものです。達成できそうなら、その後のBQも安心して読み進め、達成できなさそうなら原因を探ることになります。目標データがない場合は“前年を上回っているか？”とテンプレートを置き換えてもよいでしょう。

BQ#2については、**目標達成（結果）を分解して考えるためのもの**です。部課などの組織や商品カテゴリ、特定の日時、また新規・既存など顧客の属性などを軸にすることが考えられます。分析軸をすべて洗い出すというより、**アクション単位、責任単位を意識して検討する**のがポイントです。BQ#1を（前年との比較ではなく）目標とする際には、BQ#2の「どこがダメ？」の「どこ」を示す項目軸の粒度で目標を持つ必要があることに注意してください。

BQ#3では、BQ#2で特定した領域の目標達成率が低い要因（**結果に至るまでの過程など**）を探ることになります。客が購入するまでの工程が定義できている場合は、その要因に関するBQを配置します。利用できる数値データから要因を探るための手法については、3-6-2で説明します。

BQ#4は、目標達成ができない領域、要因に対してオーディエンスの掌握する組織が職責を果たせているか確認します。期末まで残りわずかの期間に**目標達成率が50%を下回る状況で、営業員が怠慢なのか、頑張っていてもダメなのかは大きな差です。やるべきことをやっていても目標達成に至らないのは、経営戦略として妥当なのか検証すべきで、経営層を交えての抜本的な議論が必須でしょう。**

ストーリーに即して、進捗会議の要素を次表にまとめました。

BQ候補	内容	詳細	テンプレートとの適合
④	**客数、客単価**	現在見ている内容	BQ#3：要因の特定
⑤	**時間帯別の客数を凄く知りたい**	現在見ていないが、見たい要望がある	BQ#4：打ち手の検討 ※後日精査
⑥	**去年と比べた客数**		

テンプレートとの適合を考えてみると、「④の客数・客単価を見たい」というのは、客数が増加したから売上が上がった、客単価が落ちたから売上が下がった、といった売上の要因についての話題であるため、BQ#3「なんでダメ？」に該当する部分と認識します。

⑤⑥については、以下の部分を思い出してみましょう。

「ところで時間帯別の客数を凄く知りたいんだけど、それは可能かな？ これはアルバイトのシフト管理に関係していてね。シフトの時間帯は大体、朝、昼、夕、夜とで分けているんだ。(BQ候補⑥)去年と比べて客数が増えているなら増員を検討するなど、参考にしたいんだよ。」と遠藤エリアマネージャーはコメントしていました。

アルバイトシフトの調整という打ち手につながっているという意味でBQ#4が近いといえそうです。④を要因の特定と認識したときほどしっくりこない場合は、「※後日精査」のようなメモをいれるようにしておきます。

ストーリーの展開では、BQ#1の「目標達成できそうか?」とBQ#2の「どこがダメ?」の要素が出てきません。

こういうときこそ「進捗管理のBQテンプレート」を意識して、BQ#1、2はBQの候補としてなぜ登場しないのかという視点で現在利用しているレポートを改めて確認します。

		年月	2023-01			2023-02		
地区	エリア	店舗名	売上	客数	売上_前年	売上_前年	売上前年比	客数_前年
A_首都圏	A1	秋葉原	¥5,590,205	11,124	¥5,976,250	¥5,135,680	98.0%	10,715
A_首都圏	A1	大塚	¥5,753,080	11,359	¥5,747,690	¥4,959,795	100.8%	10,208
A_首都圏	A1	新宿	¥5,574,775	10,512	¥5,709,600	¥4,834,890	104.6%	9,920
A_首都圏	A1	駒込	¥5,758,890	11,119	¥5,868,960	¥4,870,025	104.7%	10,192
A_首都圏	A1	渋谷	¥5,484,780	10,940	¥5,752,030	¥5,136,405	98.6%	9,998
A_首都圏	A1	新橋	¥5,741,660	11,246	¥5,487,235	¥5,173,315	97.8%	10,152

表・数字はイメージです

図2-2　再掲

すると、店舗別に状況を確認していることに気づきます。

また、利用できるデータをみると、目標情報は月別、店舗別で保持されています。

店舗ID	店舗名	年	1月	2月	3月	4月	5月	6月	7月
A101	秋葉原	2022	¥4,900,000	¥5,400,000	¥6,500,000	¥6,700,000	¥6,800,000	¥6,600,000	¥6,800,000
A102	有楽町	2022	¥6,400,000	¥5,600,000	¥5,900,000	¥5,900,000	¥5,600,000	¥6,000,000	¥5,300,000
A103	池袋	2022	¥6,600,000	¥5,300,000	¥5,500,000	¥6,100,000	¥6,600,000	¥5,500,000	¥6,700,000
A104	上野	2022	¥5,600,000	¥6,100,000	¥5,300,000	¥6,800,000	¥5,600,000	¥7,100,000	¥7,000,000
A105	原宿	2022	¥5,900,000	¥6,500,000	¥5,800,000	¥5,000,000	¥5,200,000	¥6,600,000	¥5,900,000

表・数字はイメージです

図2-4　再掲

「当事者にとってあたり前の情報は言語化されない」ことは実際のヒアリングで頻繁に起こります。しかし、設計者としては重要な要素であるため、「検討A、B」のようにして遠藤エリアマネージャーから直接聞いたわけではないが、既存のレポートやテンプレートの型から考えてBQ候補となるものとして列挙しておくとよいでしょう。

ここまでの情報は次表のようにまとめられます。このまとめの段階では、BQ候補の内容は断片的なレベルでかまいません。

BQ候補	内容	詳細	テンプレートとの適合
④	**客数、客単価**	現在見ている内容	BQ#3：要因の特定
⑤	**時間帯別の客数を凄く知りたい**	現在見ていないが、見たい要望がある	BQ#4：打ち手の検討 ※後日精査
⑥	**去年と比べた客数**		
検討A	**目標達成できそうか？**		BQ#1：達成度の確認
検討B	**店舗別は？**		BQ#2：領域の特定

3-3-4　シーンバリエーション

会議マップは初期の情報整理において非常に役立ちますが、同時に以下の疑問も浮かび上がります。

- ダッシュボードを見るだけの会議は必要ないのでは？
- 事前にダッシュボードを見てから会議に参加すれば会議時間を短縮できるのでは？

この2点の疑問は、ダッシュボード構築の序盤でよくあげられ、構築後は業務改善効果として報告されることもあります。

これは、ダッシュボードの内容・情報を会議以外のシーンでオーディエンスにどのように届けられるかという視点でもあります。

オーディエンスがダッシュボードを閲覧するバリエーションを整理して、その可能性を探っていきます。

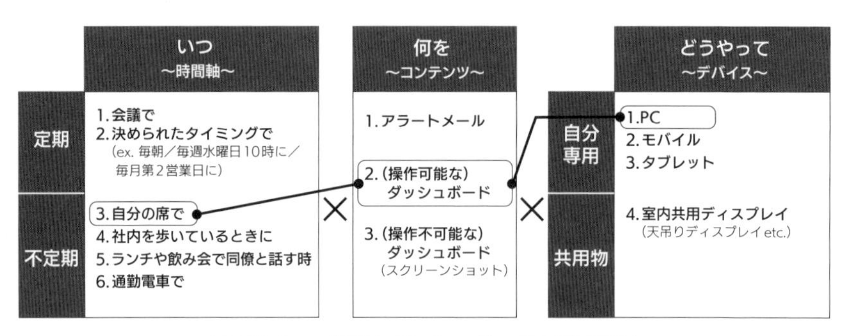

■ 図3-5　一般的なダッシュボードの利用想定

「いつ」については定期か不定期という概念があり、「どうやって」については自分専用か共用物かという切り口が考えられます。図3-5において枠で囲った3つの範囲がダッシュボード利用の一般的なシーンですが、バリエーション全体からみるとさまざまな可能性が浮かんできます。

枠の範囲を図3-6のように移動するとどうなるでしょう。

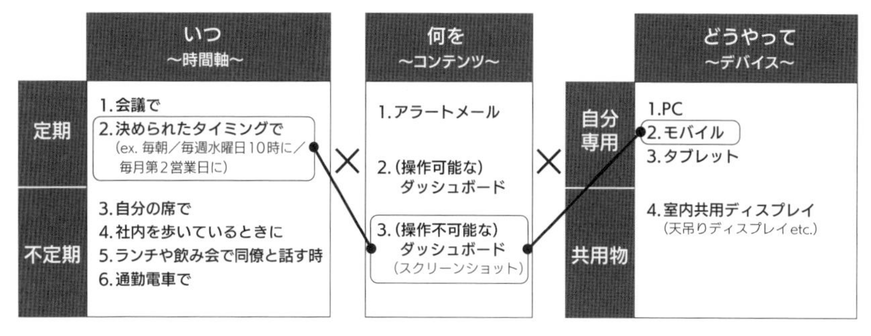

■ 図3-6 利用想定のバリエーション例

第1章の「導線の問題」で述べたようにダッシュボードにログインしてチャートを見るまでには、離脱ポイントが複数存在します。しかし、決められたタイミングでダッシュボードのスクリーンショットをメールなどで配信することを想定すると、モバイルを使って閲覧する可能性が見えてきました。

オーディエンスにとっては、ダッシュボードを見るまでもなく、必要な情報を必要な時に知りたいだけであればアラートメールの受信でよく、自分にとっては関係性が低い情報（他部門の概況や二階層以上離れた人向けの情報など）は室内の共有ディスプレイ表示を見るだけで十分です。

各オーディエンスがどの選択肢を取れるのか、という視点で整理しておくことを推奨します。

ストーリーではどのようなシーンバリエーションがあったのかみていきましょう。

シーン候補	内容
①	毎週火曜の夜に18店舗の店長と30分の店長会議をしている
②	月に一度、本部長に報告している
③	**たまに商品企画の人が現場視察に来て会話する**
確認A	**（★要確認）店長会議の前にモバイルで事前確認する**
確認B	**（★要確認）店長会議の実施日の朝 10：00にダッシュボードのスクリーンショットをメール配信し、モバイルで確認する**
確認C	**（★要確認）週に一度、本部長報告用の内容をPCで確認する**

確認A、B、Cは直接ヒアリングから聞いた内容でありませんが、シーンの候補として想定されるものを挙げています。

3-3-5　生成AIの活用

ストーリーでの遠藤エリアマネージャーのようにオーディエンスが直接要望を述べたり、進捗会議のBQテンプレートを利用できる場合ばかりとは限りません。アイデアが思い浮かばない場合はどうやってBQの候補を出せばよいのでしょうか。ここで活躍するのが生成AIです。

プロンプトにはオーディエンスに関する前提事項を明瞭に記述します。また、「どのようなことに注意してデータ分析を行えばよいか？」のように汎用的な問い方にすると一般的なアイデアが列挙されます。その中からオーディエンスに見合ったものをピックアップするというスタンスでBQ候補を出すことができます。オーディエンスと協働をしてみるのもよいでしょう。

3-3-6 フローチャート

ここまで紹介した手法はストーリーにおける遠藤エリアマネージャーのような中間管理職の進捗会議に関連するものでしたが、実際に使われるダッシュボードは、会議マップで示したような進捗会議や戦略会議だけではありません。カスタマーサポート部門における「問い合わせ状況ダッシュボード」や人事部門における「申請対応状況ダッシュボード」のように**“目標があるわけではないが、業務遂行上必要”**なダッシュボードが存在します。これらは「業務運用系ダッシュボード」と呼ばれます。

業務運用系のダッシュボードに関するBQ候補を洗い出すときに有効なのは、フローチャートアプローチです。これは、**オーディエンスの行動をフローチャートに落として、その分岐をBQ**にしていく方法です。オーディエンスがカスタマーサポート部門の担当者であれば、次図のようになります。

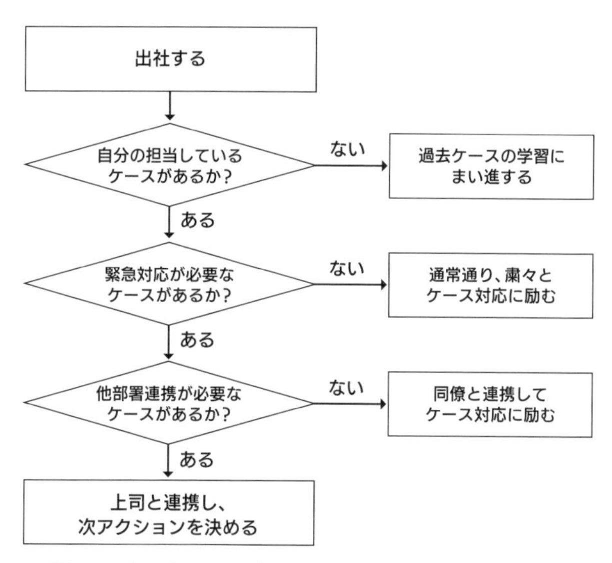

■ **図3-7** カスタマーサポート担当者の出社時フローチャート

書き出してみるとあたり前のことに思われるかもしれませんが、書き出す過程で担当者それぞれの判断の違いに気づいたり、どのように行動するかにも違いが表れたりして、BQ候補の洗い出しに効果的です。

こうしたフローチャートアプローチは、業務アプリケーション作成時の業務プロセス整備などでよく利用されています。

運用され続けるダッシュボードは業務プロセスに組み込まれるものであり、その設計アプローチは業務アプリケーション構築と近しいものです。**業務アプリケーションの実装不足、運用配慮不足をBIダッシュボード構築によって解消しているといってもよいかもしれません。**

フローチャートを書く際に、分岐の順番や内容に迷うかもしれませんが、要素を洗い出すことができれば下準備としては問題ありません。設計工程で精度を上げていきましょう。

3-3-7　BQを整理する「9フレーム」

設計の工程に進む前に、洗い出したBQ候補の整理を勧めます。その際に有効なのが「9フレーム」です。

9フレームとは縦軸に利用者（WHO）の観点で3つ、経営層・管理職層・一般層を配置し、横軸には利用用途（WHY）の観点で3つ、アドホック分析・定常レポート（さらに目標の有無）を配置したマトリクスです。

筆者のこれまでの経験に基づく利用頻度も加味すると、次図のように表現することができます。

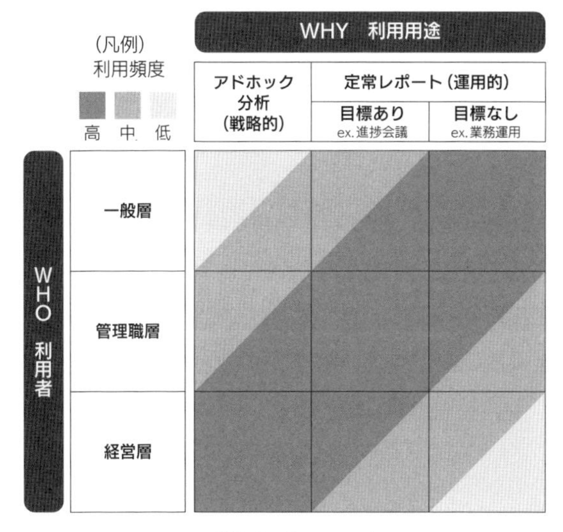

■ 図3-8 9フレーム

9フレームを利用することのメリットは以下の通りです。

- **混同するリスクの高いアドホック分析と定常レポートを分ける意識**を持つことができる
- BQ候補がオーディエンスの上下の人の関心事か否かを検証する機会になる
- ダッシュボードを作成する単位を考えやすくなる
- 取り組みやすくて成果を感じやすい狙い目（詳細は後述）のフレームを意識できる

9フレームには、次のようなBQがプロットされます。

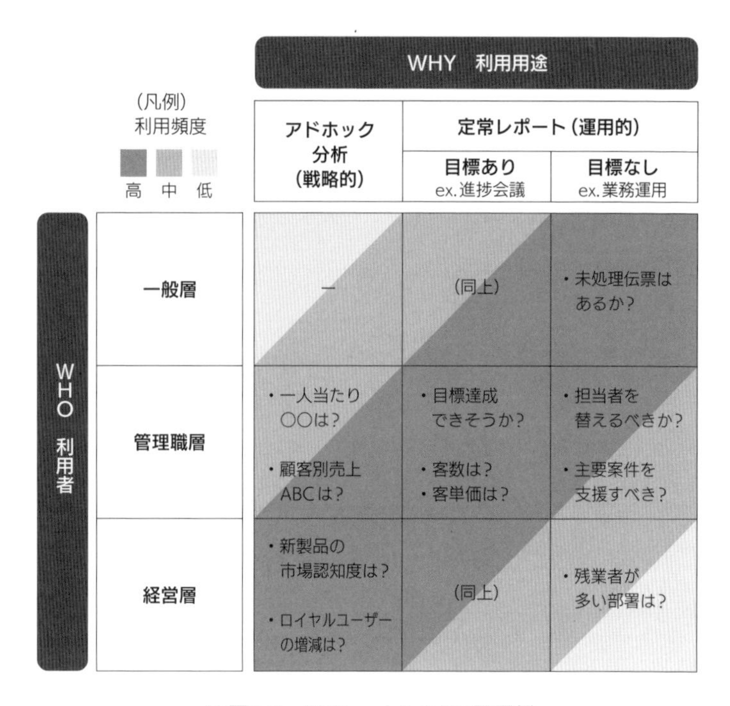

■ 図3-9　9フレームへのBQ配置例

BQ候補を9フレームに落とし込むにはWHOとWHYそれぞれに次のように判断していきます。なお、判断がつかないものや、どこにも該当しないものはわかるように印をつけておきます。

WHOの振り分け判断方法

1. BQ候補の主要オーディエンス(打ち手を講じる職責を担う人)の職位を参考にする
2. 「目標達成できそうか?」などの複数の職位に跨るBQの場合は、優先したいサンプルユーザーの枠を利用する

WHYの振り分け判断方法

1. 基本原則を参考にして、迷ったらアドホック分析と考える
2. アドホック分析に振り分けたもののうち、定常レポート側に移動できるものを精査する

基本原則		
アドホック分析	定常レポート	
	目標あり	目標なし
・BQ候補の結果を見たことがない ・一度見たら満足する ・打ち手を講じるまでの時間が長い ・どこに振り分けてよいかわからない	・進捗管理目標に関連する ・組織内で共通認識がある	・問うた結果の手順が確立されている

理解を深めるために図1-7（P39）の図も参照し、説明していきます。

“アドホック”という言葉は「特定の目的のため」や「一時的な」などの意味を持つラテン語です。**データ分析を始めるときはアドホック分析から始まりますが、時を経るにつれてその分析結果を常時見たい要求が出るようになり、定常レポートとなっていきます**。しかし、すべてを定常レポートに仕分けると、情報量が多大になり、必要な情報を探すことが難しくなります。飛行機のコックピット同様、計器（情報）は必要最小限に絞ることが望ましいのです。

ここで重要なことは、**“組織内の共通認識の有無”**と**“結果把握後の手順の有無”**です。例えば、客数・客単価のように目標達成のための主要因として組織内に浸透しており、常時見る価値があると判断されるものは、コックピットでの必要計器に相当するので定常レポートとなります。しかし、1人当たり○○数や顧客別売上ABCなどのデータは、常時みるというよりは、数カ月に一度の戦略会議で主題とされる内容なのでアドホック分析に留めておきます。

また、結果がわかれば即行動となるような成熟した業務は、“一時的”（アドホック）ではなく“定常的”に利用する価値があるので、これも定常レポートに含めることが推奨されます。

定常レポートの中の目標あり／なしの区分けは、目標の有無の他に“問うた結果の手順が確立されている”かで見分けていきます。企業活動には目標に直接結びつかなくても必要な業務が数多くあるので、そのような業務に関連するBQ候補を“目標なし”に配置するイメージです。判断を繰り返していくうちに振り分け精度は上がっていきますし、ダッシュボード構築後に利用者のデータ活用レベルアップに伴い、アドホック分析にプロットしていた内容が定常レポートに移動することはよく起こります。まずはざっくりと振り分けてみましょう。

ストーリーから抽出されたBQ候補を9フレームに落とし込むと図3-10のようになります。

ここでは毎週火曜日に行われる店長会議が主題となっているため、中央のフレームに関するBQ候補が多い結果となりました。判断することが難しい項目は、「時間帯別客数は？」と「去年と比べた客数は？」です。現在は見られていないのでアドホック分析と考えることもできます。一方、その確認からアルバイトの配置を変えるという手順が確立されそうなので定常レポート（目標なし）にも、店長会議で使いたいとのことなので、定常レポート（目標あり）にも該当しそうです。こうした場合は、“要議論”と印をつけておきます。

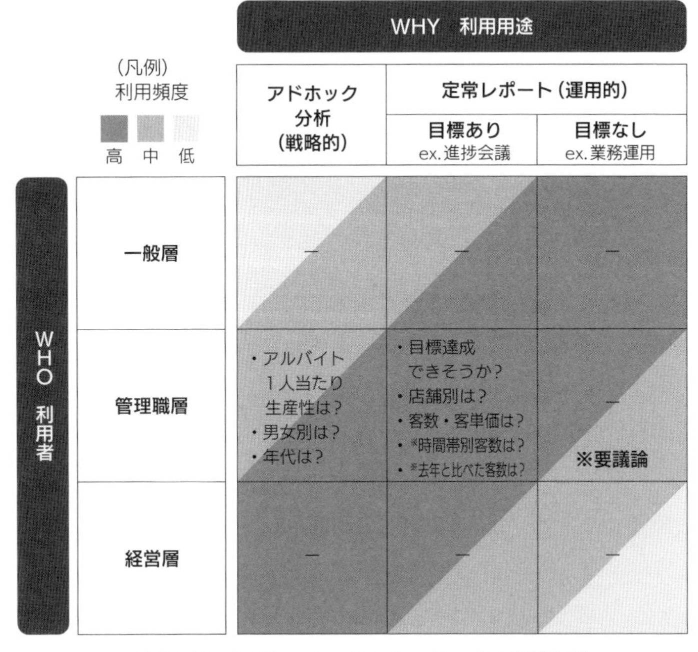

■ 図3-10 9フレームへのストーリーBQ候補配置

3-4 〈Step2-1〉データの粒度、属性を確認する ―利用データの特徴を捉えるには―

3-4-1 粒度認識

ここではストーリーに沿って、「データ認識」の進め方を紹介します。遠藤エリアマネージャーが現在利用しているレポートと利用可能な3つのデータを用いて、「設計シート」内の「2.データ認識」シートを使って進めていきます。

データを認識する最初の作業として有効なのが粒度認識です。粒度認識とは、任意の1行を特定するために必要な項目を認識する作業のことです。

利用可能データの中には、業務トランザクション（伝票など、業務上の一連の処理）単位のもの、ある程度の集計がなされているもの、履歴形式になっているものなどがあります。その際に1行を特定するキー項目を把握できていないと、データを統合するときに重複が起こってしまうことがあります。また、キーに対してのみ有効な数値（平均値や最大値などはキーの組み合わせに対して有効な数値であり、キーが変わると値も変わる）を考慮していないと、正しい数値がチャートに反映されないなどの問題を引き起こすことがあるため注意が必要です。ストーリーで使われているデータは次表のようにまとめることができます。

	データ名	キー
1	売上情報	売上日×時刻×店舗ID×商品ID
2	目標情報	店舗ID×年×月
3	商品マスタ	商品ID

伝票単位だと思っていたデータソースが実は伝票明細単位だったり、商品ID単位のマスタデータだと思っていたものがマスタ履歴データだったりする場合がありますので、注意して確認してください。

元データ2（図2-4を参照）のように、列に月などの日付関連が順番に並ぶピボットテーブルのような形式で提供される場合は、月のデータを縦持ちさせる（アンピボット）処理を行うことで次表のようにとらえることができますので、月もキーに含めることになります。

店舗ID	店舗名	年	月	目標金額
A101	秋葉原	2022	1	¥4,900,000
A101	秋葉原	2022	2	¥5,400,000
A101	秋葉原	2022	3	¥6,500,000

元データ2（図2-5）を縦持ちさせる（アンピボット）処理をしたもの

3-4-2 属性認識

元データ1のような20列程度のデータではなく、100列を超えるデータソースを利用する場合、すべてを認識するのはとても手間がかかります。しかし、100列あったとしても1つのチャートに必要な項目数は2～5列程度です。使われそうな項目を選ぶ最初のアプローチは**属性による分類**です。属性とは数値・文字列・日付の3つのデータ型を意味し、元データ1では以下のようになります。

日付
数値

売上日	時刻	店舗ID	店舗名	商品ID	カテゴリ	商品名	販売数量	区分	エリア	地区	立地区分	店長	席数	駐車場(台数)	ドライブスルー	開店日	閉店日
2023/1/2	13:00-14:00	A101	秋葉原	1	ドリンク	ドリップコーヒー	42	レギュラー	A1	A_首都圏	駅前	池田 心結	18		無	2010/10/15	2199/3/31
2023/1/2	13:00-14:00	A102	有楽町	1	ドリンク	ドリップコーヒー	69	レギュラー	A1	A_首都圏	駅前	橋本 遼人	31	5	有	2020/3/16	2199/3/31
2023/1/2	13:00-14:00	A103	池袋	1	ドリンク	ドリップコーヒー	78	レギュラー	A1	A_首都圏	テナント内	長谷川 大吾	29		無	2017/3/1	2199/3/31
2023/1/2	13:00-14:00	A104	上野	1	ドリンク	ドリップコーヒー	71	レギュラー	A1	A_首都圏	テナント内	中川 陽太	29	2	有	2014/12/9	2199/3/31
2023/1/2	13:00-14:00	A105	原宿	1	ドリンク	ドリップコーヒー	69	レギュラー	A1	A_首都圏	テナント内	中山 優	25	2	有	2010/3/15	2199/3/31
2023/1/2	13:00-14:00	A106	品川	1	ドリンク	ドリップコーヒー	81	レギュラー	A1	A_首都圏	ロードサイド	石田 颯太	19		無	2013/5/11	2199/3/31
2023/1/2	13:00-14:00	A107	渋谷	1	ドリンク	ドリップコーヒー	88	レギュラー	A1	A_首都圏	テナント内	今井 渉	7		無	2009/8/18	2199/3/31

文字列

■ **図3-11** 元データ1の属性認識

属性を認識するときには次の2つに留意しましょう。

1. ID・コード値・伝票番号系は数値ではなく文字列と認識する
 (ex.商品ID、伝票番号)
2. タイプ・ステータスに関する文字列は特別扱いする（後述）

属性の認識をすることのメリットは大きく2つあります。

1. 属性自体の優先順位を意識できる
2. 属性別の認識手法を利用できる（後述）

3-4-3　属性自体の優先順位

属性自体に優先順位があることを伝えるために、ストーリーに即してみていきましょう。遠藤エリアマネージャーがヒアリング時に述べていた視点から、次の属性ではどれが重要でしょうか。

数値（ex.売上金額）：売上が〇〇円だったという事実
日付（ex.売上日）　：1年前から、毎日売上があるという事実
文字列（ex.店舗名）：秋葉原店、原宿店などで売上があるという事実

このように考えると、数値が最も重要であるといえます。数字の概念が人間にとって物事の程度を測る共通の尺度であることからも、これは自然な考え方です。日付と文字列はどうでしょうか。

日付（ex.売上日）：売上は先日と比べて20円増加したという事実
文字列（ex.店舗名）：売上の内訳は30%が秋葉原店であるという事実

前述したアドホック分析と定常レポートの考えに準ずると、**即行動するかを判断する必要がある定常レポートにおいては数値の変化を捉える要求が高いため、日付のほうが文字列よりも価値が高い**といえます。

このように、属性の認識を行うことで数値と日付に優先的に意識が向かい、効率のよいデータ認識を進めることができます。

3-5 〈Step2-2〉データ項目の評価 ―データの価値を見極める―

3-5-1 属性別の項目評価

Step2-1でデータソースの粒度と属性についてある程度つかむことができたら、どの項目が利用価値が高いのかを見極めていくために、個別項目を評価していきます。**項目の評価自体は自分で完遂できることは稀であり、詳しい方に聞いて完了することになりますので、自分が考えた予想と確認事項をまとめていくスタンスで進めることが重要**です。

設計シートには次表のように利用できるデータごとに数値・日付・文字列と整理していきますが、**すべての項目を記入するわけではありません。使いそうな項目を優先度が高いと思われる項目から記述**してください。実装者はこの表から、どの項目を中心としてデータ準備をすればよいのかの目星を付けることになるので、設計者と実装者が分かれる場合は特に重要です。

	データ名	キー	数値	日付	文字列
1	売上情報	売上日×時刻×店舗ID×商品ID	販売数量	売上日、時刻	店舗名、商品名
2	目標情報	店舗ID×年×月	目標金額（セル値）	年、月	店舗名
3	商品マスタ	商品ID	販売価格※	販売開始日	カテゴリ

※【質問事項】販売価格が変わることはないのか？ その履歴情報など保持しているか？

項目を評価し優先順位をつけることが難しい場合は、以下の一般的な指針を参考にしてみてください。

数値項目の評価

1. 従属数値（内訳や差額など）（ex.「 売上（テイクアウト）」は内訳、「クーポン金額」は差額）
   →主要数値が優先され、従属数値は優先度が下がる
2. マスタ呼び出し値（ex.席数、標準スタッフ数）
   →変化する余地があるか？ という観点から、固定値よりも、変動する値のほうが改善の余地があるため優先度が高い。そのため、マスタ呼び出しの数値は情報価値が低いことが多い

日付項目の評価

1. システムの自動付与項目（ex.作成日、最終更新日）
   →ユーザーが意識的に入力した日付項目がある場合は、そちらの方が優先度が高く、システム自動付与の方が優先度が低い
2. マスタ呼び出し値（ex.販売開始日、有効終了日）
   → 数値と同様

文字列の評価

1. 「種別系（ex.タイプ、トランザクション種別）」「状態系（ex.ステータス、フェーズ）」関連の項目（ex.商談タイプ、受注ステータス）
   →業務上、重要な制御事項であることが多く、データソースが分かれて存在していた可能性もあるため優先度が高い
2. オーディエンスの責任単位・アクション単位項目（ex.商品カテゴリ、部門名）
   →打ち手と直結したり、打ち手を講じる判断に直接的に関係するため、優先度が高い

3-5-2 実データに存在しない項目の評価

データソースには存在しないが導き出せる項目を項目評価として考えることもできます。例えば、元データ1には「曜日」項目はないが、売上日から導出できる場合などです。早い段階で有効な集計数値を導出する必要がある場合などは、次のポイントでデータソースを確認してください。

1. 行数に着目する（ex.予約数）
2. データのある行数に着目する（ex.予約取消数、オプション付与数）

オプション付与数　予約取消数

	A	B	C	D	E	F	G	H	I	J
1	予約番号	予約元	受付担当者	予約申込日	出発日	ツアーコード	オプション1	オプション2	オプション3	予約取消日
5	4	店頭	山下	2018/4/26	2018/6/6	2007			708	
6	5	店頭	飯田	2018/4/26	2018/5/29	2013				2018/5/12
7	6	電話	山田	2018/4/27	2018/6/10	2003				
8	7	Web		2018/4/27	2018/6/11	2015				2018/5/20
9	8	Web		2018/4/27	2018/5/14	2011	703			
10	9	電話	今井	2018/4/28	2018/5/27	2007				
11	10	電話	河本	2018/4/28	2018/6/14	2005		702		2018/5/23
12	11	Web		2018/4/29	2018/6/8	2002	710			

■ 図3-12　データの有無に基づいて数値導出する例

3-5-3 詳しい人への確認依頼

利用可能なデータについて深く広く理解している人は少ないため、データ認識を効率よく実施するには詳細を理解する人への確認依頼が必要です。その際、設計シートが活用できます。

設計シートの「2.データ認識」では、データの概要や注意点、更新頻度やすでにシステムに投入されている場合の格納先URL、キー項目や属性（数値・文字列・日付）別のよく使う項目などを入力する領域があります。必要に応じてカスタマイズして利用してください。また、円滑なコミュニケーションを図るために項目と値のイメージがわかるスクリーンショットを貼付することを推奨しています。

設計シートへの確認項目の記述イメージは次図の通りです。

#	データ名	格納先URL	更新	データの概要と注意点	キー	数値	日付	文字列
1	実績データ	https://xxxx.domo.com/datasources/4738401c-xxxx-9999-	時次		売上日×時刻×店舗ID×商品ID	販売数量	売上日、時刻	店舗名、商品名
2	目標データ	https://xxxx.domo.com/datasources/4738401c-xxxx-9999-	年次	※【質問事項】年次の更新タイミングはいつなのか?を後日確認	年×月×店舗ID	目標金額(セル値)	年、月	店舗名
3	商品マスタ	https://xxxx.domo.com/datasources/4738401c-xxxx-9999-	日次	※【質問事項】販売価格が変わることはないのか? その履歴情報など保持しているか?	商品ID	販売価格※	販売開始日	カテゴリ
4	XXXXXXXXXXXXX		年次					
5	XXXXXXXXXXXXX							

※システム内に存在しないデータセットについては、必ず以下のようなイメージを添付願います。(**※列名とデータ内容のイメージ5行程度あれば十分です**)

1.のデータイメージは以下

売上日	時刻	店舗ID	店舗名	カテゴリ	商品ID	商品名	販売数量	区分	エリア	地区	立地区分	店長	席数	駐車場(台数)	ドライブスルー	開店日	閉店日
2023/1/2	13:00-14:00	A101	秋葉原	ドリンク	1	ドリップコーヒー	42	レギュラー	A1	A_首都圏	駅前	池田 心結	18		無	2010/10/15	2199/3/31
2023/1/2	13:00-14:00	A102	有楽町	ドリンク	1	ドリップコーヒー	69	レギュラー	A1	A_首都圏	駅前	橋本 遼人	31	5	有	2020/3/16	2199/3/31
2023/1/2	13:00-14:00	A103	池袋	ドリンク	1	ドリップコーヒー	78	レギュラー	A1	A_首都圏	テナント内	長谷川 大吾	29		無	2017/3/1	2199/3/31
2023/1/2	13:00-14:00	A104	上野	ドリンク	1	ドリップコーヒー	71	レギュラー	A1	A_首都圏	テナント内	中川 陽太	29	2	有	2014/12/9	2199/3/31
2023/1/2	13:00-14:00	A105	原宿	ドリンク	1	ドリップコーヒー	69	レギュラー	A1	A_首都圏	テナント内	中山 優	25	2	有	2010/3/15	2199/3/31
2023/1/2	13:00-14:00	A106	品川	ドリンク	1	ドリップコーヒー	81	レギュラー	A1	A_首都圏	ロードサイド	石田 颯太	19		無	2013/5/11	2199/3/31
2023/1/2	13:00-14:00	A107	渋谷	ドリンク	1	ドリップコーヒー	88	レギュラー	A1	A_首都圏	テナント内	今井 渉	7		無	2009/8/18	2199/3/31

2.のデータイメージは以下

店舗ID	店舗名	年	1月	2月	3月	4月	5月	6月	7月	8月	9月	10月	11月	12月
A101	秋葉原	2022	¥4,900,000	¥5,400,000	¥6,500,000	¥6,700,000	¥6,800,000	¥6,600,000	¥6,800,000	¥7,400,000	¥6,100,000	¥5,700,000	¥5,900,000	¥6,800,000
A102	有楽町	2022	¥6,400,000	¥5,600,000	¥5,900,000	¥5,900,000	¥5,600,000	¥6,000,000	¥5,300,000	¥5,200,000	¥4,800,000	¥5,100,000	¥5,300,000	¥5,500,000
A103	池袋	2022	¥6,600,000	¥5,300,000	¥5,500,000	¥6,100,000	¥6,600,000	¥5,500,000	¥6,700,000	¥5,700,000	¥5,900,000	¥6,300,000	¥7,000,000	¥5,600,000
A104	上野	2022	¥5,600,000	¥6,100,000	¥5,300,000	¥6,800,000	¥5,600,000	¥7,100,000	¥7,000,000	¥6,200,000	¥5,500,000	¥5,900,000	¥5,100,000	¥6,300,000
A105	原宿	2022	¥5,900,000	¥6,500,000	¥5,800,000	¥5,000,000	¥5,200,000	¥6,600,000	¥5,900,000	¥6,500,000	¥5,100,000	¥6,800,000	¥6,000,000	¥6,300,000
A106	品川	2022	¥6,300,000	¥5,800,000	¥6,500,000	¥5,600,000	¥5,500,000	¥6,100,000	¥5,700,000	¥6,600,000	¥5,400,000	¥5,800,000	¥6,500,000	¥6,900,000
A107	渋谷	2022	¥5,400,000	¥7,500,000	¥5,300,000	¥5,100,000	¥7,100,000	¥6,900,000	¥5,700,000	¥5,400,000	¥6,100,000	¥6,900,000	¥5,500,000	¥6,000,000

■ 図3-13　設計シート「2.データ認識」の記述イメージ

3-6 〈Step2-3〉データの関係性を整理 ―データを構造的に捉える―

3-6-1 文字列項目の構造化「データモデリング」

Step2-2で「項目評価」について触れ、属性種別ごとの大まかな評価方針について解説しました。ストーリーの中で利用している3つのデータソースは合計で約40列から構成されており、ここまでの考えを適用すれば有効なデータ認識ができますが、実際にデータソースを手配するときには、10倍の400列の対象項目を相手にする可能性もあります。しかし、400列の項目があったとしても、ダッシュボードで使われる項目数は100列未満に絞られます。

ここからは複数の評価対象列があっても効率よくデータ認識をするための「データモデリング」について紹介していきます。

「データモデリング」とは、データの構造や関係性を視覚化し設計するプロセスです。複数ある文字列項目から、5W1H×From／Toを意識してデータモデルを作り、全体の構造を把握します。

400列と聞くと複雑な内容を想像しますが、実際にはほとんどの項目が各種マスタから呼び出された値です。複数あるマスタの中で重要なものは5W（WHO、WHAT、WHERE、WHEN、WHY）に関連していることが多いため、5Wに関連するマスタ項目に関連するかどうかを意識して項目を選別し、そこから分類の大小や部課などの階層関係を整理していきます。

また日々の業務で蓄積されていくデータ（トランザクションデータ）は「業務遂行のための依頼」である伝票の集積と考えられます。顧客→自社、自社工場→顧客などの方向（From／To）があるため、WHO×FromとWHO×Toのように、各5Wについて2つの項目軸を整理していくことができます。

これらを加味してデータモデリングを行うと次図（図3-14）のようになります。

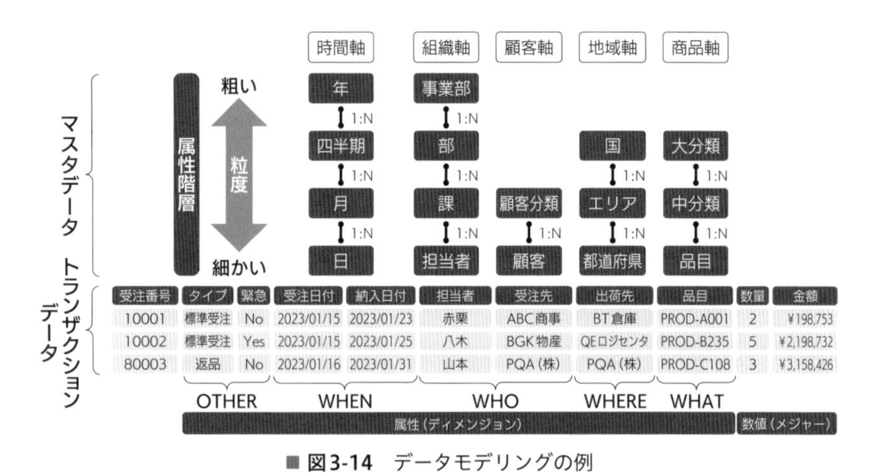

受注番号	タイプ	緊急	受注日付	納入日付	担当者	受注先	出荷先	品目	数量	金額
10001	標準受注	No	2023/01/15	2023/01/23	赤栗	ABC商事	BT倉庫	PROD-A001	2	¥198,753
10002	標準受注	Yes	2023/01/15	2023/01/25	八木	BGK物産	QEロジセンタ	PROD-B235	5	¥2,198,732
80003	返品	No	2023/01/16	2023/01/31	山本	PQA（株）	PQA（株）	PROD-C108	3	¥3,158,426

■ **図3-14**　データモデリングの例

※MicroStrategy社 論理データ モデルの構造の概念をもとに、著者が発展作成

図3-14からは組織軸、顧客軸、地域軸、商品軸などのマスタデータの階層情報を容易に把握することができます。

これにより、オーディエンスが必要とする分析粒度やアクションを起こす粒度、その位置関係が理解しやすくなります。

また、各データソースが持つデータ粒度の確認や、1：Nで階層が続いているのか、そうでないのかの確認等にも利用でき、設計における考慮事項把握の効率化にもつながります。

次図（図3-15）の通り、業務領域によって重要視される5W1Hの要素は変わりますが、フレームに当てはめると効率よく整理できるので参考にしてください。

伝票名	WHO		WHERE		WHEN		WHAT		WHY		HOW
	From	To	From	To	From	To	From	To	From	To	
見積	取引先A社が	自社B部門に			伝票作成日	見積り有効終了日	-	商品Yを		高機能だから	10個1万円で
受注	取引先A社が	自社B部門に			受注日	納期	-	商品Yを			10個1万円で
出荷	取引先A社が	自社B部門に	大阪工場から	取引先A社G工場に	出荷指示日	納期	-	商品Yを	-	-	10個
購買	自社M部門が	仕入先S社に			購買依頼日	納期	-	部品Zを		低価格だから	10個900円で
請求	取引先A社が	自社B部門に							-	-	1万円
製造	自社生産計画部が	自社B工場ラインCに					Yから	Zに	-	-	100個
廃棄	品質管理部	経理部			起票日	処理日		商品Yを		不良だから	100個500円分
会計	取引先A社が	自社B部門に			請求日	支払期日			-	-	1万円
問合せ	お客様Yが	自社サポート部門に			問合せ日	解決日					

■ 図3-15　業務領域別の5W1HとFrom・Toの例

3-6-2　数値の構造化「数地図（すうちず）」

「データモデリング」は文字列項目の関係性を整理する手法でした。では、数値項目に関してはどのような整理手法が存在するのでしょうか。

おそらく多くの人が想像するのは、数値項目の中で重要なものをKPI (Key Performance Indicator) と呼び、その関係性をツリー形式にまとめた「KPIツリー」だと思います。しかし、KPIツリーは「ツリー構造に縛られる」、「滞留の観点を見逃す可能性がある」という難点があります。本書では、これを補う選択肢として「数地図 (すうちず)」の作成を推奨します。

「数地図 (すうちず)」(筆者の造語) とは、“実在するデータに基づいて、数値関係を図解したもの”です。Webアクセスデータと商談データが利用できると仮定した法人営業シナリオを用いて、両者を比較すると次図 (図3-16) のようになります。

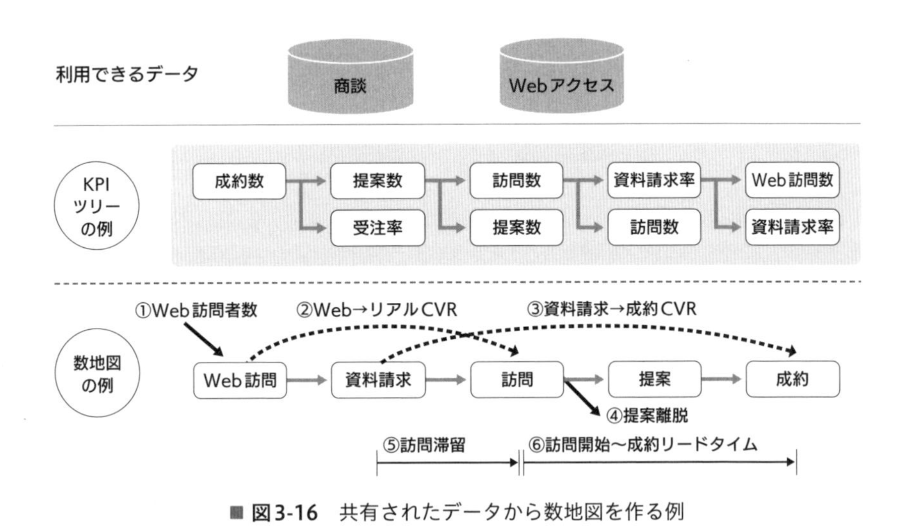

■ 図3-16　共有されたデータから数地図を作る例

KPIツリーの方は、商談成立に至るまでの要素が因数分解されており、この構造に納得感があれば組織内で有効に機能すると考えられます。しかし、ツリー構造に意識が向かいすぎると、結局のところ「Web訪問から実際の訪問へとつながったのはどの程度あったのか？」「資料請求は成約と関連しているのか？」などの、ツリーの階層を跨いだ指標への意識が薄れてしまいます。また、KPIツリーをもとに作成したダッシュボードで運用を開始すると、提案数は増えている、受注率も高いのになぜ商談成立に至らないのか？といったことが起こりえます。「商談中に負けを認めると受注率が下がるので、まだ商談継続中であるとする担当者が出てくる（つまり、商談の滞留が起こっている）」といった観点を見逃してしまう可能性があるのです。

一方で、数地図の方はいくつかのプロセスが並び、プロセスを跨いだCVR（変換率）に関する指標や、滞留・リードタイムに関する指標を表現しています。シンプルであるがゆえに抜け漏れがあるのではないかと不安に思われるかもしれませんが、これは網羅性を意識しすぎて認識する数値を複雑化させることとのトレードオフです。数地図は、関係者と議論を繰り返すことで洗練させていくことを前提としています。

数地図が存在することで、各数値の因果関係が明確になったり、捉えるべき数値の漏れを見つけることができたり、チーム内での共通認識を作ることができたりと、効率的な成果創出が可能になります。また、特定のKPIが良化したときにほかのKPIが悪化した、といったトレードオフの関係を認識できるようになるので、組織としてレベルアップを感じられるようになるでしょう。この実例については5-2で紹介します。

数地図の作成には手順やひな型があり、それに従えばある程度の品質のものはつくれるようになります。また、何人かで同時に数地図を作成してみると、さまざまな観点が出てくるので、議論して精度を上げていくことができます。何度も手書きし、直しながら作り上げるというスタンスで取り組んでいきましょう。

数地図の作成手順は次の3 Stepです。

Step1：重要数値の特定
　　数値要素を主要なものと従属的なものに分ける
Step2：図解・構造化
　　ひな型を活用し、工程・循環・状況などを意識して図解する
Step3：関連数値の導出
　　図解した工程から導出可能な数値を書き出す

3-6-3　数地図Step1 重要数値の特定

前節（3-5 項目評価）で説明した通り、利用できる数値データには優先度の高いものと低いものがあり、また、実際に数値型の列として定義されているものだけでなく、行カウントや特定のデータが含まれる行カウントなどさまざまなものがあります。数地図を描くときには、以下3種類の項目に着目して重要数値を特定していきます。

1. 種別系項目（タイプやトランザクション分類など）
2. 状態系項目（ステータスやフェーズなど）
3. 行為系項目（特定の行為を行った数値や行数自体など）

種別系項目とは、項目名が「○○タイプ」「○○種別」となっているものです。例えば「受注タイプ」という項目名であれば「標準受注」「緊急受注」「返品」などが並び、「問い合わせ元種別」という項目名であれば「電話」「メール」「Web」などが並びます。これらの情報は、業務上の流れが大きく変わる可能性を秘めているため、その種別のデータ行数が重要になる可能性が高いといえます。

状態系項目とは、項目名が「状態」「○○ステータス」「フェーズ」となっているものです。「検討中」「提案前」「成約済」など、一連の業務の状態を示しています。これらの情報は、業務上のボトルネックや滞留状況を示す際によく使われる可能性があるため、その状況のデータ行数が重要になる可能性が高いといえます。

行為系項目とは、利用可能なデータ項目に行為を行った結果の数値がそのまま存在するものを示します。例えば「申込数」「キャンセル数」「訪問数」など行為に関する集計値です。また、対象とするデータの行数自体も、そのデータが意味する行為にあたります。商談というデータであれば、そのデータ行数自体が商談件数になるイメージです。これらの情報は、業務量や業務結果を示す際によく使われる可能性があるため、重要になる可能性が高いといえます。

3-6-4　数地図Step2 図解・構造化

Step1で重要数値を特定したあとは、これらの関係性を図解していきます。ここでのポイントは2つです。

1. ひな型を活用する
頻出する2つのひな型、「ゴール到達系」と「チケット循環系」をもとに、カスタマイズして作成する
2. 数値要素を4～8個くらいに絞る
オーディエンスの好む管理粒度を意識して数値要素を絞り込む

ひな型の特徴とイメージは次図の通りです。

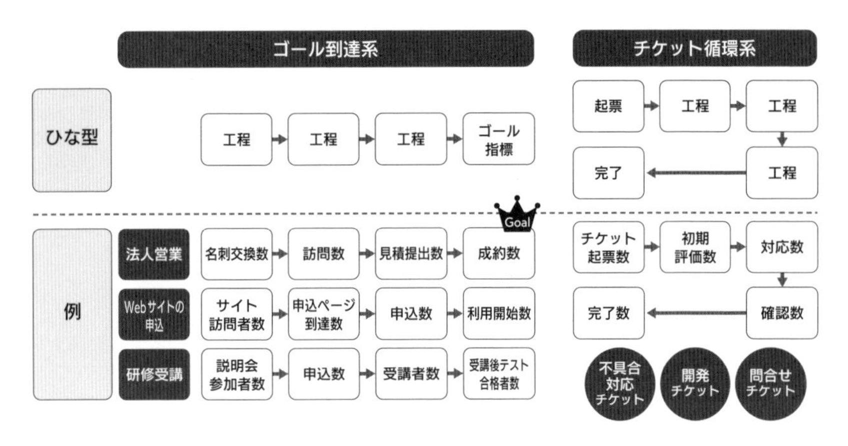

■ 図3-17　ゴール到達系とチケット循環系のイメージ

種別	例	備考
ゴール到達系	売上パイプライン管理、Webアクセスコンバージョン管理	最終ゴール（出口）が決まっており、工程間で離脱があるもの
チケット循環系	問い合わせ管理、不具合対応管理	入口と出口が決まっており、工程間で離脱がないもの

ゴール到達系の図解

複数の工程を経て最終的なゴールにたどり着く際に、工程間で離脱があるものがゴール到達系の図解です。離脱とは、次の工程に進まなかったことを意味します。Step1で特定した「状態」や「行為」に関する数値要素の中から、ゴールになるもの、その前工程となるものを四角いハコに当てはめるように作成していきます。「種別」に関する項目は、種別によってハコの並びを変えるべきか？ 不要になるハコが出てくるか？ という意識で活用を検討します。例えば「商流種別」という項目があり「直販」と「代理店」で工程の並びが異なる場合などは、数地図を分割するかの判断が必要になります。「種別」によって数地図のパターンを増やすことは、分割したことで得られるメリットと分割したときの管理コストとを天秤にかけることになりますので、慣れないうちは分割は行わず、数地図に基づくダッシュボード運用に慣れてきてから対応することを推奨します。

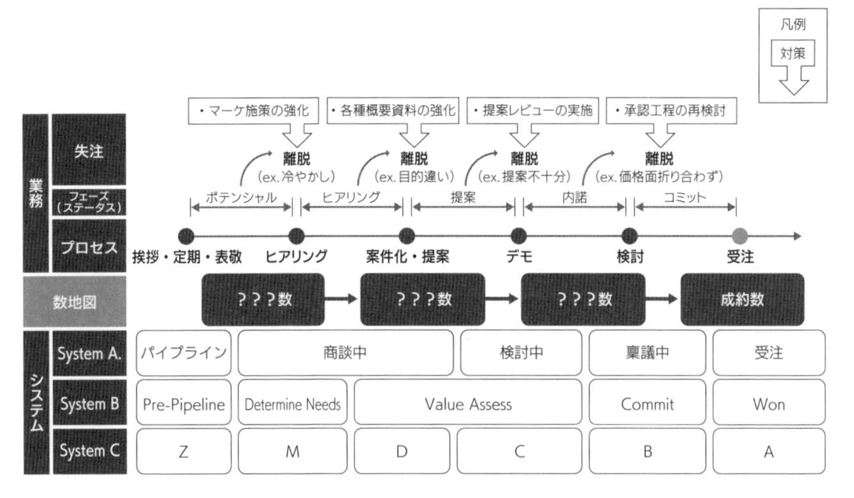

■ 図3-18　売上パイプライン管理の数地図作成途中の例

数値要素をハコにあてはめる過程で重要なことは、データの項目名や項目値など、システムや保持しているデータで使われている言葉をそのまま使うことです。しかし、業務で使っている言葉に揺らぎがあったり、「状態」の定義に関する認識のずれなどが明らかになることがよく起こります。図3-18は売上パイプライン管理の数地図作成中のイメージスライドです。

業務上で使われる「ヒアリング」という言葉は、System Aでは「商談中」、System Bでは「Determine Needs」と呼ばれ、System Cでは「M」というアルファベットで管理されていることがわかりました。このような場合は、用語として優先するSystemについて議論したり、状況の定義一覧作成、業務で使う言葉の辞書作成など、あるべき姿への議論を進めていきます。**数地図を作成するということは、業務上曖昧にしていたことを正す役割も果たすので、この作業工程は手間を惜しむべきではありません。**ここがしっかり整備されるとダッシュボードを運用するときにも有効に機能していきます。

チケット循環系の図解

ゴール到達系の図解とは異なり、起票などの「入口」と完了などの「出口」が決まっており、離脱がなく、一連の業務トランザクションを始めた人に結果が返ってくるような循環があるものをチケット循環系の図解と定義しています。不具合対応チケットや問い合わせチケットなど、チケット管理が有効な業務を対象とした場合に重宝します。以下のイメージは実際にあった問い合わせ対応フローに関するものです。(図3-19)

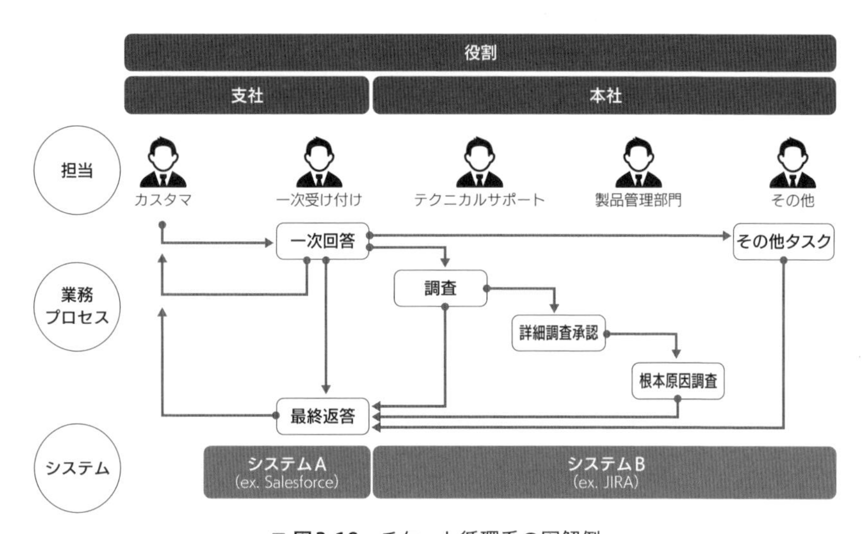

■ 図3-19　チケット循環系の図解例

担当 (登場人物)、システムと合わせて図解し、関係者で議論したところ、各工程へのつながりにさまざまなラインがあることがわかりました。

実際に図解するときには、Step1で抽出した数値要素をすべて使用したくなると思いますが、理想的には数値要素を4～8個くらいに絞ることを推奨しています。

複数ある数値項目から4～8個を選ぶ際には、利用が想定されるオーディエンスが掌握したい範囲、関係者と有効な議論ができる範囲を意識して優先順位をつけて考えます。実際に４～８に選定する行為は合意に至るまでに数回の議論が必要になるのが通常です。

3-6-5 数地図Step3 関連数値の導出

Step2で図解を作成したことで、業務とデータの全体像をつかみやすくなったと思います。ここからはStep3として関連数値の導出を行います。

連続した工程を定義すると、この工程にどれだけ入れたのかという「①流量」に関する視点、「②離脱や工程間の通過率」の視点、さらに「③滞留やLT（リードタイム）」の視点から関連数値を導出することに意識を向けることができます。（図3-20）

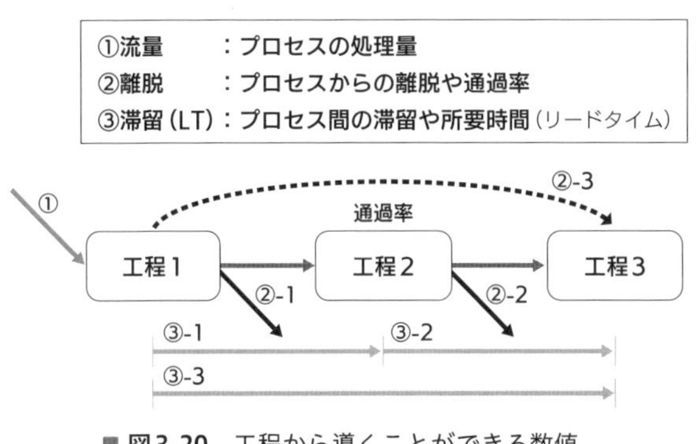

■ 図3-20 工程から導くことができる数値

特に**「③LT・滞留」の観点は、KPIツリーのアプローチからは生まれにくいものでありながら、業務プロセス改善時に取り組みやすい箇所**であるため、導出しておく価値があります。ただし、①や②は数値要素の四則演算から導出できるのに対し、③については、その「行為」や「状態」に関するタイムスタンプ情報を保持しているかどうかで導出可否が変わる点に注意してください。

例えば、売上パイプラインのプロセスにおいてStep2で5つのハコを描いていたとして、上記の汎用的なテクニックを利用すると以下のように関連数値を導出できます。(図3-21)

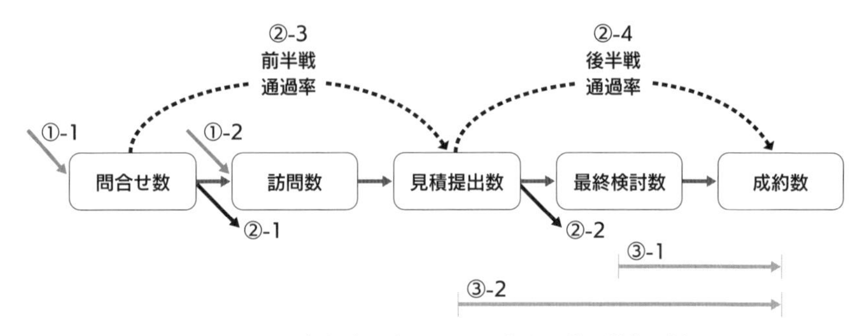

■ **図3-21** 売上パイプラインの工程から導く数値の例

①-1とは通常の問い合わせの数、①-2は営業員が知人のつてで持ってきた流入、②-1は問い合わせが来たがメールのやりとりで完結し、訪問にはいたらなかった(離脱)件数、といったイメージです。②-3、4のように、工程を跨いだ指標を考えることも可能です。例えば営業プロセスにおいては、フットワークが軽くて前半戦に強い新人と、見積りを提出してから着実に成約まで結びつける(後半戦が強い)ベテランがいたりします。個別の工程を分析すると情報量が多くて打ち手につながりにくくなるものが、このようにざっくり前後半で分けるとオーディエンスの方が判断しやすいという場合もあるため、どの工程に関連する数値を導出するべきか、それはオーディエンスにとって打ち手につながりやすいのか、という視点でまとめていきます。

チケット循環系の場合は次図のようになります。(図3-22)

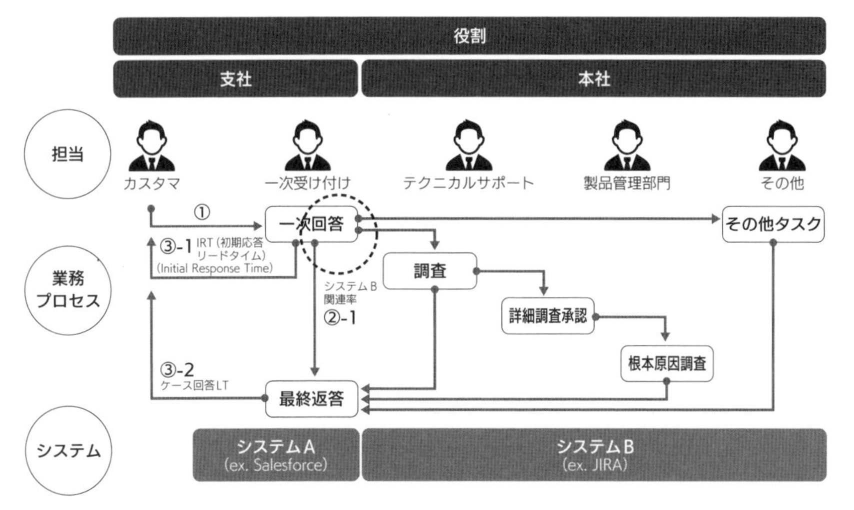

■ 図3-22　チケット循環系の工程から導く数値の例

②-1の領域は分岐に着目し、システムB利用率といった数値を導出していきます。また、離脱がない状況においては、リードタイムや滞留を認識したい要求が高まるので、各工程の滞留数などの基本な数値の他に、③-1は初期応答のリードタイム、③-2では問い合わせケース全体のリードタイムなどが有効になりそうです。

数地図を描いて関連数値を導出することは、言い換えると有効なBQを導き出す行為ともいえます。ここがうまくなると品質の高いダッシュボードにつながり、使われ続ける可能性も高まりますので、必要に応じて候補BQとして9フレームにプロットしておくのもよいでしょう。

数地図を描くことが習慣化されると、あとどんなデータがあればより有効な分析、さらに高度な業務ができるようになるか、という視点が身につくため、データや業務に関して関係者に確認を取る際に「〇〇に関するデータがあれば、××できますが、存在しますか？ 取得可能ですか？」という質問ができるようになります。

このような質問は質問された側も現状の業務やデータを見直すきっかけになりますので、ぜひ積極的に数地図を書き、周囲を巻き込んでいただければと思います。

3-7 〈Step3-1〉シナリオを構想する —設計シートに統合する—

3-7-1 構想前のチェックポイント

「要件整理」、「データ認識」の工程を行ったことで、材料がそろい準備が整いましたが、設計作業はまだ道半ばです。

ここで紹介する「シナリオ構想」は設計における最重要領域なので、スキルを習得できるよう実践的な解説をしていきます。

シナリオ構想の作業の前にここまで進めてきた準備の内容を確認します。

設計シート 「1. 要件整理」

・オーディエンスごとの職責、打ち手が一覧化されている

・BQの候補が9フレームにマッピングされている

設計シート 「2. データ認識」

・利用可能なデータの概要と項目属性が一覧化されている

・利用可能なデータのスクリーンショットが貼付されている

シナリオの構想は設計シートの3番目として、ここまでの項目を統合していく作業になります。

シナリオ構想は以下の手順で進めていきます。

1. 着手順の検討
2. BQ候補の配置
3. BQの研ぎ澄まし

3-7-2 着手順の検討

ダッシュボード設計において着手順は大変重要な意味を持ちます。着手順を間違えるとダッシュボード構築活動に対して労多くして益少なしの印象が組織内に残るためです。成果が出る領域を見極めて着手していく必要があります。

「要件整理Step1-3」でプロットされた9フレームでは「経営層」が一番下に置かれていましたが、これは設計の着手順を間違えない工夫のためでした。

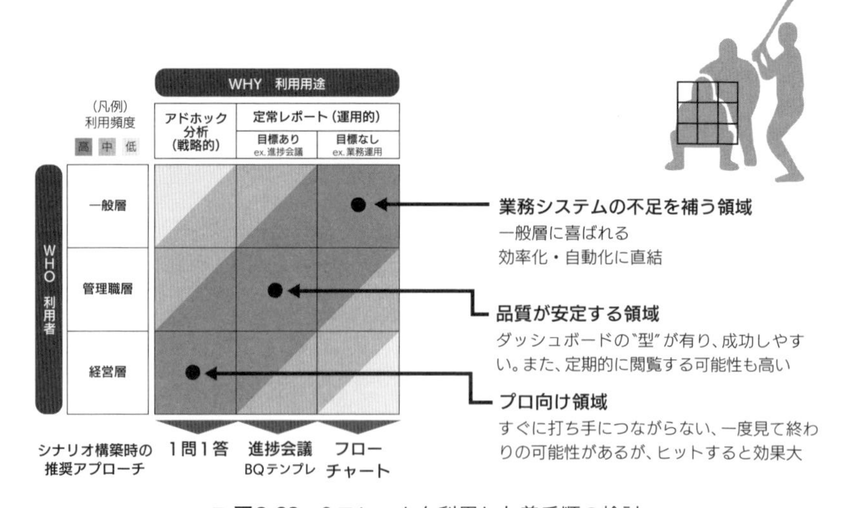

■ **図3-23** 9フレームを利用した着手順の検討

分析要求(BQ候補)を実現する難易度を野球の右打者のストライクゾーンになぞらえたのが図3-23です。

外角低めは、**経営向けのアドホック分析の領域で、データサイエンスから自社の特徴を導き出してストーリーテリングして提示するような難易度の高い**ゾーンといえます。

一方、中央**と内角高め(右上)は難易度が低くてヒットを打ちやすい(成果を出しやすい)領域です。**中央は進捗確認のBQテンプレートを使用することができ、経営層、管理職層、一般層が企業の目標達成状況を確認する起点となります。

内角高め(右上)は、**業務システムの改修コストをかけずにダッシュボードで解決するという成果を期待できる領域です。**

ダッシュボード構築による成果を期待する組織にとって、最初に着手するべき推奨ゾーンは、中央か右上の領域になります。

オーディエンスの要求がアドホック分析に偏っている場合は、定常レポート系とアドホック分析系のダッシュボードをそれぞれ一つ作成してもよいでしょう。

3-7-3　BQ候補の配置

9フレームによってシナリオ構想の着手順に目星をつけたあとは、ダッシュボードの作成単位に基づいて、BQ候補を配置することになります。

ダッシュボードの作成の単位と分割の検討

ダッシュボードを作成する単位は基本的に9フレームのフレーム単位ですが、同一のフレーム内にあったとしても次の条件に当てはまる場合は、ダッシュボードの分割を検討してください。

ダッシュボード分割の判断ポイント

1. オーディエンスが異なる（ex. 同じ管理職層でも職責が大きく異なる）
2. 時間軸が異なる（ex.利用データの更新頻度や表示対象期間が異なる）
3. シーンや打ち手が異なる

ダッシュボードの分割により、実装者への負担やオーディエンスのダッシュボード間の移動操作などを懸念されるかもしれません。実際には、分割の実装コストは低く、**オーディエンスにとってはノイズの少ないページを閲覧できる**ため、ためらう必要はありません。

ポイント1.の「オーディエンスが異なる」ことが明瞭な場合、ダッシュボードを分割するという考えは一般的ですが、「異なる」という内実の定義が重要です。設計シートの「要件整理シート」にまとめられた内容によって判断することができるでしょう。

オーディエンス**人数が多い場合、メイン、サブというようにターゲットに強弱をつけて設計**することになります。大人数に見てもらいたいと考えれば、サブターゲットを増やすことになり、メインターゲットへのノイズもまた増加するリスクもあります。

ポイントの2.「時間軸が異なる」も分割を検討する要素です。

データ更新が日次と月次のチャートがダッシュボード上に混在していると、更新頻度の低い（月次の）チャートはやがて素通りされてしまいます。月間進捗（週次更新）と年間進捗（月次更新）のコンテンツも分割を検討するべきです。時間軸の異なりによるダッシュボードの分割には、オーディエンスの確認の頻度やデータの更新頻度、表示対象期間などを判断材料としてください。

ポイントの3.「シーンや打ち手が異なる」という状況は「定常レポート・目標なし」の場合によく発生します。オーディエンスの利便性を優先してダッシュボードを分割することになります。

設計シートにBQを配置する

ダッシュボードの作成の単位や分割の基準についてイメージがつかめたら、設計シートにある「3.シナリオ構想」シートに**1列1ダッシュボードと想定して、「9フレーム」からオーディエンス、シーン、BQを図3-24のように配置していきます**。この際には“要議論”にしたBQ候補の要否も検討します。

ムーンバックスのストーリーでは「店長会議での利用」を想定した会話が行われており、“要議論”にしたBQ候補も会話の中に含まれていました。遠藤エリアマネージャーが望んでいて、シナリオとして定義される他のBQとも見合っているので、最初のシナリオに含めることにしました。

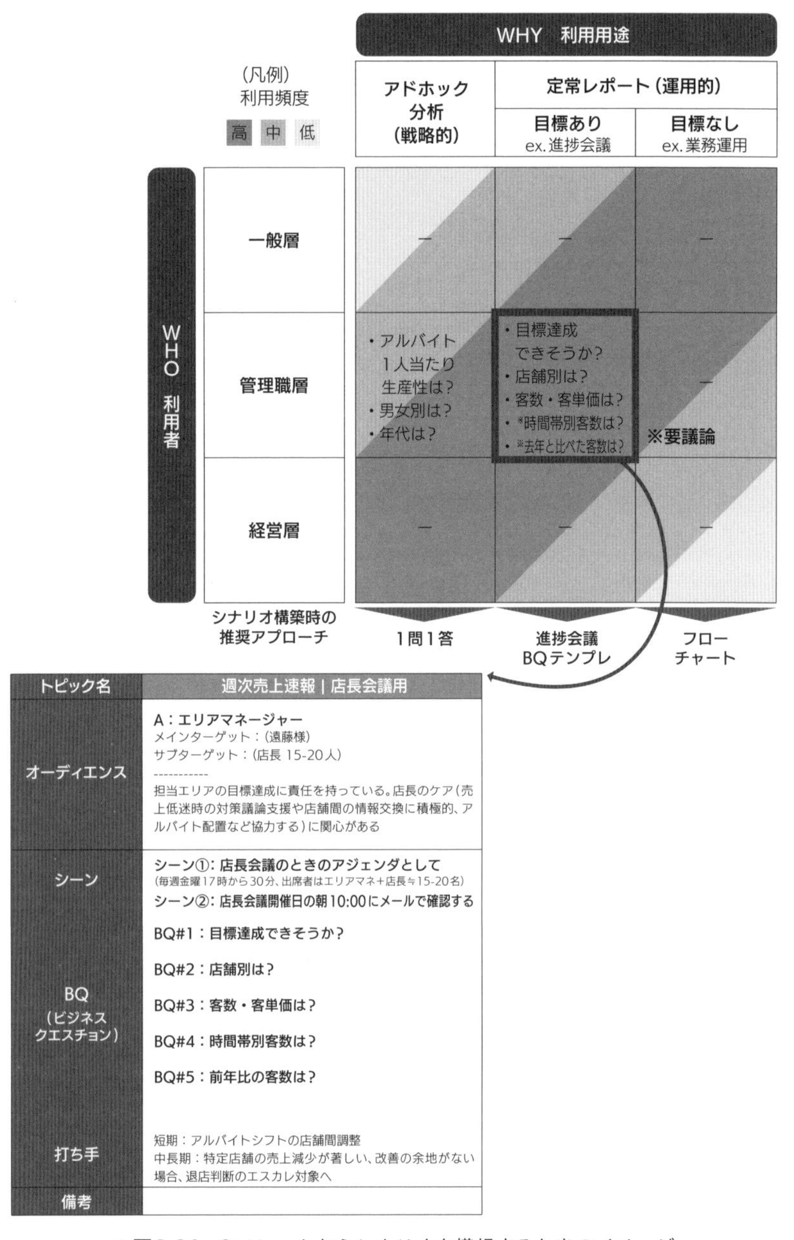

トピック名	週次売上速報｜店長会議用
オーディエンス	A：エリアマネージャー メインターゲット：（遠藤様） サブターゲット：（店長 15-20人） ----------- 担当エリアの目標達成に責任を持っている。店長のケア（売上低迷時の対策議論支援や店舗間の情報交換に積極的、アルバイト配置など協力する）に関心がある
シーン	シーン①：店長会議のときのアジェンダとして （毎週金曜17時から30分、出席者はエリアマネ+店長≒15-20名） シーン②：店長会議開催日の朝10:00にメールで確認する
BQ（ビジネスクエスチョン）	BQ#1：目標達成できそうか？ BQ#2：店舗別は？ BQ#3：客数・客単価は？ BQ#4：時間帯別客数は？ BQ#5：前年比の客数は？
打ち手	短期：アルバイトシフトの店舗間調整 中長期：特定店舗の売上減少が著しい、改善の余地がない場合、退店判断のエスカレ対象へ
備考	

■ 図3-24　9フレームからシナリオを構想するときのイメージ

1列の当該行にオーディエンスやシーン（①、②…）を記述していくことで、1つのダッシュボードが複数のオーディエンスやシーンで使われることを記録しておくことは、後工程の推敲時に参考となります。

BQをシートに配置していく際にガイドとなるのが、次にあげるシナリオごとの推奨アプローチです。

・「定常レポート・目標あり」…進捗会議のBQテンプレート
・「定常レポート・目標なし」…フローチャートアプローチ
・「アドホック分析」…1問1答のアプローチ

定常レポート・目標ありのBQ配置

進捗会議のBQテンプレートを活用します。このシナリオではいきなり細かなBQを並べず、現時点と目標との距離を把握することが肝心です。

定常レポート・目標なしのBQ配置

フローチャートの分岐を意識してBQを配置していきます。その際、順番や処理単位は後工程で精度を上げることを前提に、大体の感覚で配置してかまいません。

アドホック分析関連のBQ配置

1問1答は戦略立案などに用いられる探索アプローチで、BQの順番にこだわらず配置していきます。

ダッシュボードの設計に不慣れなうちは1問1答のスタイルで設計を進めてもよいでしょう。

3-7-4　BQの研ぎ澄まし

BQの配置が大体できたら、それぞれのBQのクオリティを高めるため、次の7項目の「研ぎ澄まし」を行います。

一度に仕上げるのではなく、徐々に質を向上させるように取り組んでください。

BQの研ぎ澄まし方

【工夫系】

1. 問う対象を期間や分類などで絞る
2. 回答を段階的に構成する
3. 「質」「量」への問いを考察する
4. フローチャートから導く
5. 「将来像」から考察する

【確認系】

6. 問いと答えを繰り返し、粒度を探る
7. 打ち手へのつながりを検証する

1. 問う対象を期間や分類などで絞る

週次会議に向けて「目標達成できそうか？」というBQの場合、月内か四半期か年度内かに応じてオーディエンスの確認時の本気度は変化します。例えば「今月の目標は達成できそうか？」とすると1カ月サイクルを意識したBQになり、達成意欲を高めます。

期間で絞るだけでなく、状況の深刻度を分類化して絞ることも有効です。例えば、「客単価が低い店舗はないか？」というBQを思いついたときに、客単価が低いとは何か？ と検討し、「客単価が1,000円を下回る店舗はどこか？」としてみたり、客単価を2,000円以上は緑、1,000円～2,000円は黄色、1,000円以下は赤といった信号機分類を作り、「客単価が黄または赤信号の店舗はどこか？」という問いにすると、オーディエンスにとっては「緑」店舗がフィルタされ的を射た問いになります。

2. 回答を段階的に構成する

BQは回答(Answer)と対になって提供されるとテンポよく状況を認識できます。「客単価が低い店舗はないか？」などの曖昧なBQに対し段階的な回答で解決する手法があります。

BQ：「客単価が低い店舗はないか？」
回答：管理対象100店舗のうち、9件が黄色信号、3件が赤信号です。

BQに対する回答を段階的にすることで、BQの段階で必要以上に対象を絞ることを避けられます。

3. 「質」「量」への問いを考察する

BQはオーディエンスに問いをぶつけるパワフルな存在なので、聞き方ひとつでモチベーションを低下させる原因となることも考慮する必要があります。

製造業の品質保証部を例にするとどちらのBQがふさわしいでしょう？

A「今期、**何件の**不具合があったか？」… 量の問い
B「今期、**何%の**不具合があったか？」… 質の問い

Aで「3件の不具合があった」という回答であれば、「3件」が意識され、

それに対して減点主義な雰囲気が出がちです。

Bで「0.03%」という回答であれば、しっかり品質維持しているが0%は難しいというニュアンスになり、モチベーションを下げることなく、事実として関係者に伝わることになります。

一般的に、チャレンジして成果を獲得する営業的な職種では**“量”**を問い、仕組みを考える企画職やサポートする職種では**“質”**を問うほうがよいと考えられています。

4. フローチャートから導く

業務運用系ダッシュボード（定常レポート・目標なし）でのBQはフローチャートアプローチで研ぎ澄ましていきます。BQから導かれる次のアクションなどをオーディエンスの立場で検討します。

ダッシュボードの設計におけるフローチャートは、オーディエンスが効率よく情報を認識してアクションできることが目的なので、**分岐点も多くて5つ程度**とし、オーディエンスにとって意味がない場合は分岐させないことがポイントです。

分岐が多くなる場合は、オーディエンスの責任範囲を超えていないかを疑ってください。フローチャートの分岐の先には関連部署の方がおり、新しいダッシュボード設計が必要になることが多々あります。

5.「将来像」から考察する

BQを研ぎ澄ましている過程で、現在あるデータでは実現できないが、将来的には組織にとって、理想的な「問い」があるなどのアイデアが生まれることがあります。当初の「客単価の低い店舗はないか？」というBQから客単価の低い理由や上げるための方法に思いを巡らせ「サイドメニュー提案は徹底されているか？」という問いにたどり着くような場合です。

こうしたアイデアは思いついた人は実現できないと思っていても、データがすでにあったり、簡単な工夫で実現できるものかもしれません。想定外の打ち手やほかのダッシュボードとの連携などのきっかけも期待できるので、**「将来構想」の注記を添えて設計シートに記述**することを勧めます。

6. 問いと答えを繰り返し、粒度を探る

BQ候補がある程度そろってきたら、「○○か？ △△だ。」「◇◇か？ ◎◎だ。」というように、**オーディエンスになりきってBQに対してどうような回答が想定されるか繰り返してみます。**その際、想像される回答が「だから何？」とならないよう注意しましょう。BQへの答えが必要な認識につながり、そこから次のBQを知りたくなる役割を担えるか確認していきます。

この時に、「概要」から「詳細」に認識していく流れを意識して、オーディエンスにとって心地よい粒度であるかを検討していきます。良いのか悪いのか知りたい、どの商品分類が悪いのか知りたい、具体的にどの商品なのか知りたい、その商品に対して行うべきアクションが取れているかを知りたい、といった具合です。

BQの粒度は、前述のデータモデリングのように、オーディエンスの職責、指示対象者などをイメージして最適なものを探っていきます。

7. 打ち手へのつながりを検証する

設計シートに順に配置したBQ候補は、序盤は状況認識を問うものが多いですが、後半は打ち手との関連が問われてきます。BQへの回答が打ち手につながるか、つながらなくても打ち手を講じる先行情報として有効かを検証します。

こうしたBQの「研ぎ澄まし」の例を、ストーリーに沿ってみてみましょう。

トピック名	週次売上速報｜店長会議用		
オーディエンス	A：エリアマネージャー メインターゲット：（遠藤様） サブターゲット：（店長 15-20人） ----------- 担当エリアの目標達成に責任を持っている。店長のケア（売上低迷時の対策議論支援や店舗間の情報交換に積極的、アルバイト配置など協力する）に関心がある		
シーン	シーン①：店長会議のときのアジェンダとして （毎週金曜17時から30分、出席者はエリアマネ＋店長≒15-20名） シーン②：店長会議開催日の朝10:00にメールで確認する		
BQ（ビジネスクエスチョン）	BQ#1：目標達成できそうか？ BQ#2：店舗別は？ BQ#3：客数・客単価は？ BQ#4：時間帯別客数は？ BQ#5：前年比の客数は？	▶	BQ#1：目標達成できそうか？ BQ#2：支援すべき店舗はあるか？ BQ#3：売上増減要因は何か？（客数・客単価は？） BQ#4：アルバイトシフトに調整余地はないか？ 去年と比較して客数が増加している時間帯を把握する
打ち手	短期：アルバイトシフトの店舗間調整 中長期：特定店舗の売上減少が著しい、改善の余地がない場合、退店判断のエスカレ対象へ		
備考			

■ 図3-25　ストーリーに見るBQの研ぎ澄まし

図3-25にある「BQ#2」の「支援すべき店舗はあるか？」は配置時点では「店舗別は？」というものでした。「課題のある店舗はあるか？」という意味ですが、毎週、店長会議で“課題のある”店長が明示されるため心理的ダメージも考えられました。課題を共有し助け合う雰囲気を考え、“支援すべき”と言葉を選びました。

「BQ#4」も配置の時点ではBQ#4「時間帯別客数は？」、BQ#5「前年比の客数は？」という内容でしたが、打ち手である店舗間のアルバイトシフトの調整に焦点を当て、BQ#4「アルバイトシフトに調整余地はないか？」に統合・変更しました。

前年との比較で客数が増減している時間帯を把握できれば、そこに調整の必要性があると考えられます。

3-8 〈Step3-2〉ラフスケッチを描く —“問い”への回答を意識する—

3-8-1 ラフスケッチを描く手順

シナリオ構想が固まったら、ラフスケッチに入っていきます。ここまで準備してきた設計シートに基づいて、手書きでスケッチを描いてみましょう。

スケッチのための準備と手順

1. 利用可能項目の確認
2. デザインテンプレートを活用
3. ダッシュボードイメージを形に

1. 利用可能項目の確認

BQへの回答となるチャートをスケッチするには、設計シートの「2. データ認識」シートにある利用可能項目を確認することから始めます。どの数値をどのような切り口で表すか、その組み合わせをどう見せるか、思い描いたイメージを満たせる項目は利用可能かを検証していきます。

2. デザインテンプレートを活用

ラフスケッチの経験が浅いうちは、デザインテンプレートを参考にするとスムーズに取り掛かることができます。本書の付録ページに用途別テンプレートを用意したので、適用できるか試してみてください。見合ったものがあれば項目を置き換えてスケッチしていきます。

3. ダッシュボードイメージを形に

オーディエンスのことを思い浮かべ、BQ候補も確認しながら、形にすることが大切です。描き始めることで課題が明瞭化します。

はじめから高品質をめざすのではなく、徐々にレベルを上げる気持ちで取り組みます。2回3回と描いてみると要領がわかってくるので、最初の一歩が肝心です。

3-8-2 ラフスケッチを描くポイント

ラフスケッチを描く際に、注意すべきいくつかのポイントがあります。それは次のような項目です。

ラフスケッチのポイント

1. BQの回答となっているか
2. オーディエンスにわかりやすいか
3. 短時間で伝わり、理解可能か

それぞれのポイントで特に留意するところを紹介します。

1.BQの回答となっているか

BQの回答となっているかを検証する、これを理解するために図3-26に例題を用意しました。

ある営業課長向けにダッシュボードを設計・構築している山田さんが図右のチャートを仕上げました。このチャートはどこが問題でしょうか？あなたなら図左のシナリオでどのようなラフスケッチを描くでしょうか？

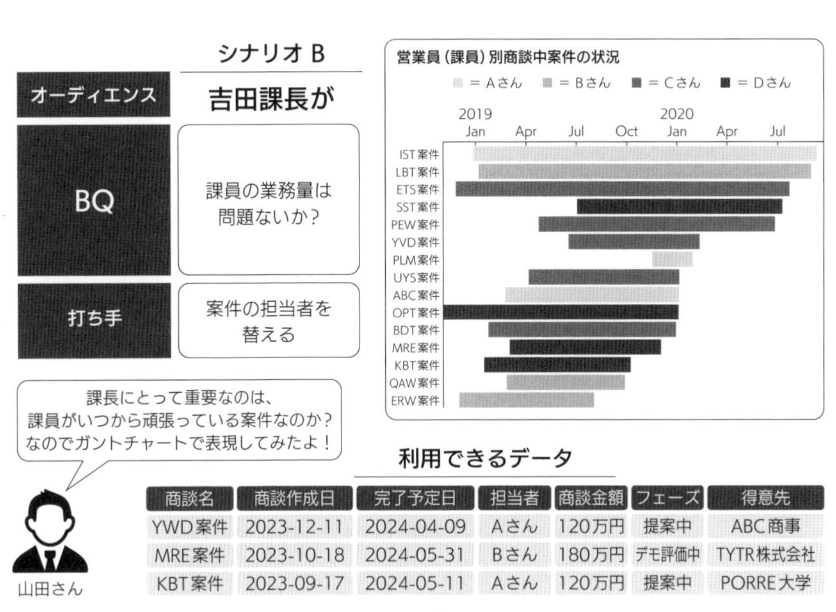

商談名	商談作成日	完了予定日	担当者	商談金額	フェーズ	得意先
YWD案件	2023-12-11	2024-04-09	Aさん	120万円	提案中	ABC商事
MRE案件	2023-10-18	2024-05-31	Bさん	180万円	デモ評価中	TYTR株式会社
KBT案件	2023-09-17	2024-05-11	Aさん	120万円	提案中	PORRE大学

■ **図3-26** 山田さんが設計したチャート

この問題に取り組んだ人は「パワポでのプレゼンでも同じことがよくある」と口をそろえます。パワーポイントのトップに置かれたメッセージラインと、その下の説明内容がズレている違和感をこのチャートにも感じるのです。

オーディエンスの営業課長は、「課員の業務量は問題ないか？」というBQの回答が「問題あり」ならば、案件の担当者を変更する打ち手を想定していました。このチャートでは業務量の多いのが誰か一目ではわかりません。

山田さんは「課長が重要と考えているのは、課員がいつから頑張っている案件なのか」とコメントしており、「業務量」という焦点がいつのまにか「いつから頑張っている」に替わっています。

このようなBQの意味の取り違いや間違いは、設計のうえで頻繁に目にすることがあります。その要因の一つとして考えられるのが「**かっこよいチャートに仕上げなければならない**」という思い込みです。

「一般的な棒グラフや線チャートでは十分に伝わらない」「優れたデザインのダッシュボードでは珍しいチャートが使われていてオーディエンスの興味を引き付けている」などと考え、珍しいチャートタイプを**使うことが目的とされると、BQの回答とはズレて**、オーディエンスの納得感のない本末転倒なものとなります。

営業課長の打ち手を芯でとらえ、BQの回答としてチャートを考えれば、次図のように、シンプルに要件を満たすラフスケッチが描けるでしょう。

このチャートから「Aさん」の商談件数、金額が大きく、「Dさん」は件数、金額とも小さいので「Aさん」の商談の一部を「Dさん」に担当替えできないかと考えるようになり、課長の打ち手につながります。

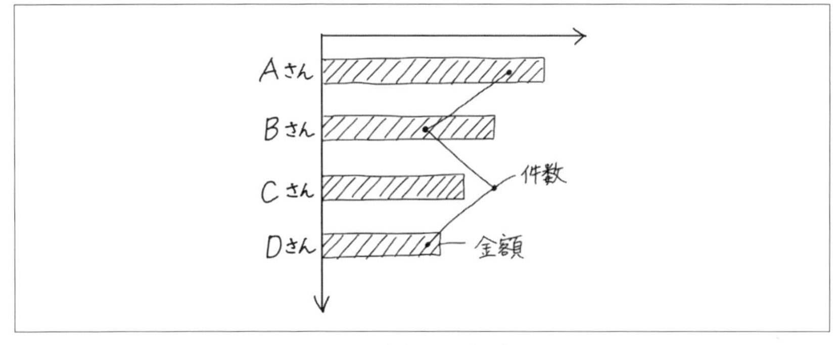

■ 図3-27　設計すべきだったチャート

ラフスケッチしたチャートは、BQに対する回答になっているかを確認しながら描いていきましょう。

2. オーディエンスにわかりやすいか

珍しいチャートを使う弊害は、使うこと自体が目的化し、BQへの回答とズレてしまうことだけでなく、対象オーディエンスにとって理解が難しかったり、理解に時間を要したりすることが挙げられます。

「バブルチャート（3つのデータの関係性を示す）」や「ファネル（漏斗）チャート（プロセスにおける割合を示す）」などは見慣れている人にとっては、すっきりまとまった見やすいイメージがあるかもしれませんが、不慣れな人には読み取りできず、わからないものと認識されがちです。オーディエンスによっては「今までのExcel表で見せてくれ」と逆戻りになるケースも考えられます。

シンプルなチャートの組み合わせだけで、価値があり魅力的なダッシュボードは十分構築可能です。基本的なチャートの意味を理解し、正しく使用することを心がけてください。ダッシュボードの設計に推奨される基本的でシンプルなチャートを紹介します。

推奨されるチャートタイプ

1. 棒…長さ、太さで要素の比較を示す
2. 線…位置、連続性によって要素の比較や経緯を示す
3. 表…任意の項目を行と列に配置、整理して示す
4. ヒートマップ…２次元データの値を色や濃淡で示す
5. ゲージ…メーター形状で進捗状況などを示す
6. 信号機…赤、黄、緑の３色で状態を示す

3. 短時間で伝わり、理解可能か

ダッシュボードを閲覧するオーディエンスにとって、すぐ伝わって、わかることは次のアクションも迅速になり、組織の活性化にも有用です。

「ヒトは情報の8割を視覚から受け取る」といわれ、その視覚情報の受け取りも「色彩が8割」とされます。したがってダッシュボードにおける色やフィルタの設定は、「すぐに伝わり、わかる」ことをサポートする非常に重要な要素です。

ただし色やフィルタ、プロパティのチェック・調整は実装の際の調整コストが低く、設計時点では優先的に取り組む必要はありません。以下に示すリストを用いて、設計の最終局面でチェックすることを勧めます。

	チェックポイント	備考
1	良いものは緑、悪いものは赤が徹底されているか？	良いものを自社のコーポレート色にすることもある
2	過去・未来に対する色の配慮があるか？	濃淡やグレーの利用などが有効
3	数値や分類などの色の使い方に統一感はあるか？	複数のチャートで異なる色使いをしていないかを確認する

色に関するチェックリスト

色の使い方については「頻出用語」と合わせたガイドラインの作成を推奨します。

頻出用語（JP）	頻出用語（EN）	カラーコード
会社カラー	Corporate Color	#000000
実績	Actual（Act.）	#0000FF
予算	Budget（Bgt.）	#FF0000
予測	Forecast（Fct.）	#909090
前年	Previous Year（PY）	#00FFFF

頻出用語とカラーリングのガイドライン

	チェックポイント	備考
1	表示しているデータの対象期間は適切なフィルタが適用されているか？	経営層は四半期―年次、部長は月次―四半期、課長は週次―月次を目安に検討する
2	目標と実績のような複数の数値要素がある場合、両方並べる必要があるか？	差だけを並べることで情報量を落とせないかを検討する
3	目標と実績の差や比を表現する際は期末基準か実績有基準か？	期末基準の場合、期中は常に目標未達となるが、それで問題ないかを確認する
4	要素が並びすぎていないか？	棒チャートなどで要素数が多くなりすぎる場合は要素をフィルタできないか確認する
5	飛び値となった数値をフィルタするか？	線チャートなどで明らかに飛び値となったとき、それをフィルタすべきかを確認する

フィルタに関するチェックリスト

	チェックポイント	備考
1	軸の始まりはゼロにすべきか？ ゼロ以外にすべきか？	差をわかりやすく見せたいのか、差がないことを見せたいのかを意識する
2	軸は何の数値かがわかるようになっているか？	タイトルや凡例を見てわからないものは、軸ラベルを付与する。また、単位表記する必要があるかを確認する
3	数値・通貨・%などの配慮は適切か？	あえて数値で表現するのか、通貨や%表記が必要かと立ち戻ってみる
4	スクロールが多すぎないか？	表チャートの横スクロールやダッシュボード自体の縦スクロール数に無駄がないかを確認する
5	時系列の粒度はアクション単位になっているか？	オーディエンスのアクション単位に合わせた時系列粒度を意識する
6	フォントサイズは適切か？	オーディエンスやシーンを意識してサイズ調整の必要性を確認する
7	飛び値に対する配慮があるか？	フィルタするか対数表示にするかなどの対処方針を検討する
8	説明テキストは十分か？	少しのテキストがあることでユーザビリティ向上に寄与するかを検討する

プロパティに関するチェックリスト

チームで設計している場合は、色・フォントサイズのチェック、チャート軸などのチェック、スクロールのチェックを担当を決めて対処することが望ましいでしょう。

3-8-3 ムーンバックス店長会議向けのラフスケッチ

ストーリーの「店長会議に使う」ダッシュボードのラフスケッチ（図3-28）を注意点などを意識しながら確認してみましょう。

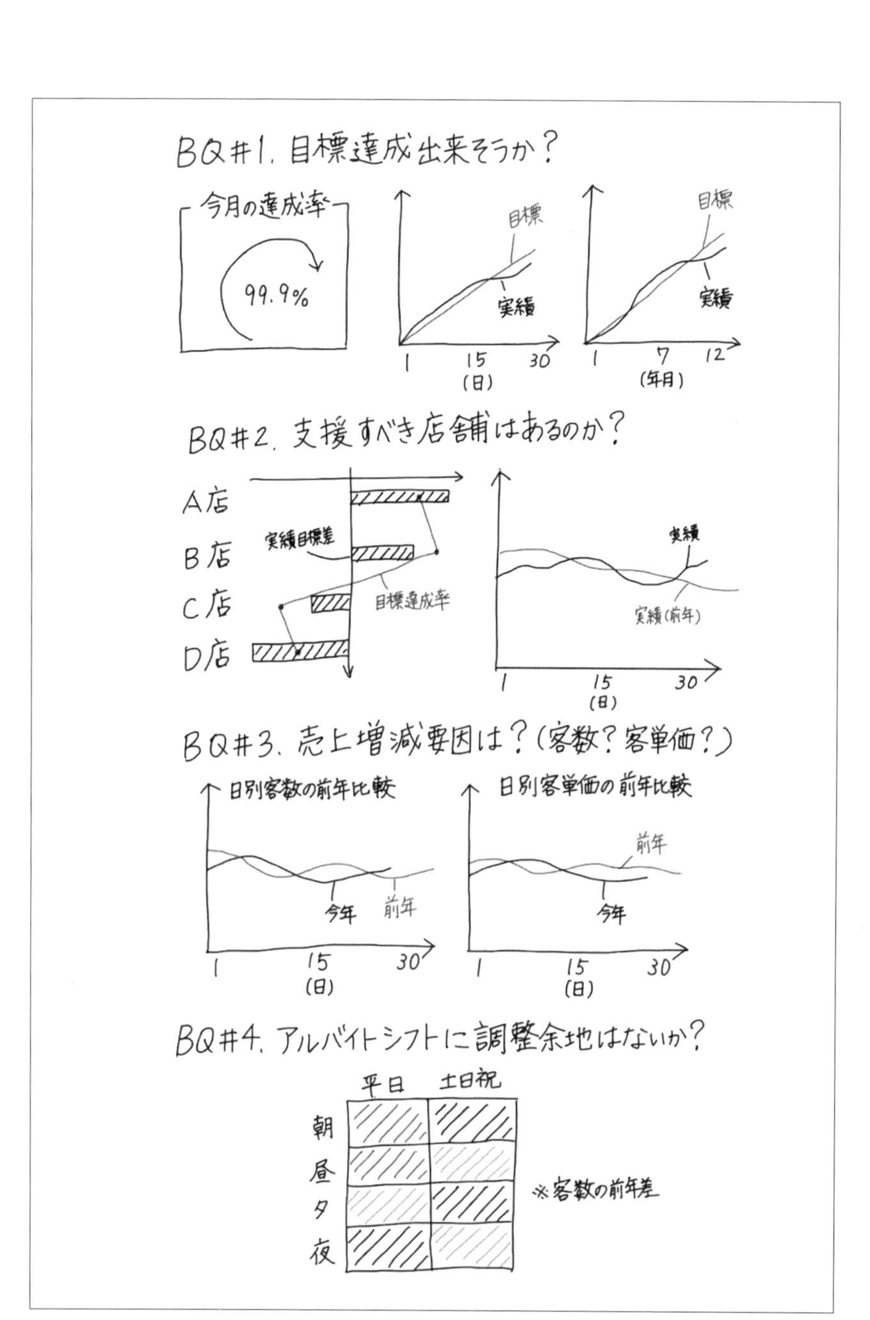

■ 図3-28　シナリオ構想をもとに描いたラフスケッチ

3-9 〈Step3-3〉設計の質を上げる推敲 ―ポイントでレビューし、議論する―

3-9-1 レビューを設け、声を聞く

設計の過程で「この設計で大丈夫か」「もっと効果的な設計が考えられるのでは」「オーディエンスに価値を感じてもらえるだろうか」などの不安がよぎります。こうした不安を軽減するには、**考えられる手戻りを想定して設計を推敲することが有効**です。設計の工程が進むほど手戻りコストは大きくなりますが、コストを恐れて次に進めなくてはいつまでもダッシュボードは完成しません。

机上の設計で満足できないものは、実装しても満足することはありません。そこで、次図のように工程のポイントでレビューを設け、設計への意見を聞くことを推奨します。

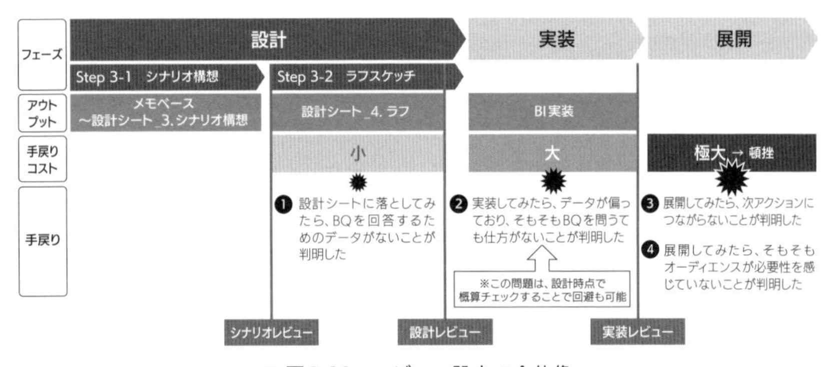

■ 図3-29 レビュー設定の全体像

	工程	レビュー対象	参加者
任意	シナリオレビュー	設計シート「3. シナリオ構想」	前提知識のあるメンバー
必須	設計レビュー	設計シート「4. ラフ」	オーディエンス（可能であれば）開発者
必須	実装レビュー	BIダッシュボード	開発者

レビューでは**参加者の選定が重要**です。設計に不安がある中で、他者に意見を求めるので、一定の知見を持って正しい評価が可能な人物である必要があります。設計者と同様にダッシュボード設計を学習した人や設計－実装を経験した人の参加が理想です。**設計技法の共通言語が共有されていない相手のアドバイスは不安を増幅することもあり得ますので注意**が必要です。

3-9-2　設計シートに反映、更新する

設計シートは、関係者とのコミュニケーション円滑化や設計工程の標準化を目的としているので、まさに**レビューに欠かせないツール**です。シナリオレビュー、**設計レビューで受けた指摘事項で設計シートを更新し、最新の考えをまとめていきます**。

ダッシュボードの実装段階では、設計シートの更新は手を休め、ダッシュボードに集中します。実装を完了して運用局面になった段階で、改めて設計シートを見ると、シートの内容をまとめたラフスケッチが具現化された達成感を感じます。またラフスケッチと実装した実物との違いも認識できます。レビュー工程における改善の余地や品質への手立ても肌感覚として養われていくので、次回以降のレベルアップにつながります。

3-9-3　シナリオレビュー

「シナリオレビュー」は共通言語を持つメンバーで行います。設計者が設計シートの内容を披露する際、レビューする側の人は次表にまとめた内容に留意してください。

	意識すること	心の声
序盤	相手のよい点を見つける	・自分には思いつかなかった ・その視点はなかった！ ナイスアイデア！ ナイス切り口！
中盤	実現性を確認する	・データに基づいているか？ （データはないがナイスアイデアは、将来構想・申し送り事項とする） ・オーディエンスになったとき、本当に必要か？ 本当にその粒度が心地よいか？
終盤	質問を考える	**相手の良さをより引き立たせるための質問** ex. どうしてその切り口を思いついたの？ → チームメンバーが気づいていない観点を引き出せるかもしれない **実現性を引き上げるための質問** ex. どのデータから作るイメージ？ 小分類別か大分類別かも検討済み？ → 相手もすでに検討済みであり、記載漏れの可能性もある。

3名以上でレビューする際は、以下のような分担も有効です。

シナリオ確認係… オーディエンスの立場になり、BQの流れと分析軸の粒度の心地よさを確認

データ確認係 … 設計項目についてデータの確証が取れているか確認

3-9-4　設計レビュー

設計の最終段階でのオーディエンスを巻き込んだ「設計レビュー」は、設計を推敲するうえでの最重要地点です。ここで魅力あるイメージを感じ取ってもらえれば、以降の工程や実装に弾みがつきます。しかし、この時点で評価を得られないラフスケッチでは、実装しても活用されない可能性があり、リソース投下の中止を余儀なくされることもあります。

オーディエンスを招いての「設計レビュー」は＜場＞の**セッティングが不十分な場合、ここまでの営みを反故にするリスクもあるので、レビュー開催前に「設計シートのオーディエンス定義」をしっかり伝え、次の2点についても必ず伝達します。**

1. ダッシュボードの位置づけ ※以下は分類ごとの例え

- （シーン）月次会議で使う
- （目的）どのセグメントに課題があるかを常に確認する
- （対象）複数名で閲覧できるが、メインユーザーは○○さんを想定

2. ダッシュボードの展開計画　※以下は分類ごとのたとえ

- （分割の認識）別ページとして◇◇を作る予定がある
- （今後の展開）このダッシュボードを関連活動の起点と考える

3-9-5　〈ストーリー 3〉実装を終えて

片岡（保守ベンダー）

「設計シートの通り、実装を完了しました。こうして設計のイメージを伝えていただき、とても助かりました。」

田中さん

「ありがとうございます！ データ加工は私には難しいので、本当に助かりました。」

シナリオレビュー、設計レビューと進み、設計チームやオーディエンスの指摘を受け止め、推敲のレベルも上がりました。ここから実装の段階へ進みます。ラフスケッチはBIダッシュボードの姿として具現化されましたが、最終の推敲として「実装レビュー」を冷静に実施して完成度を高めましょう。

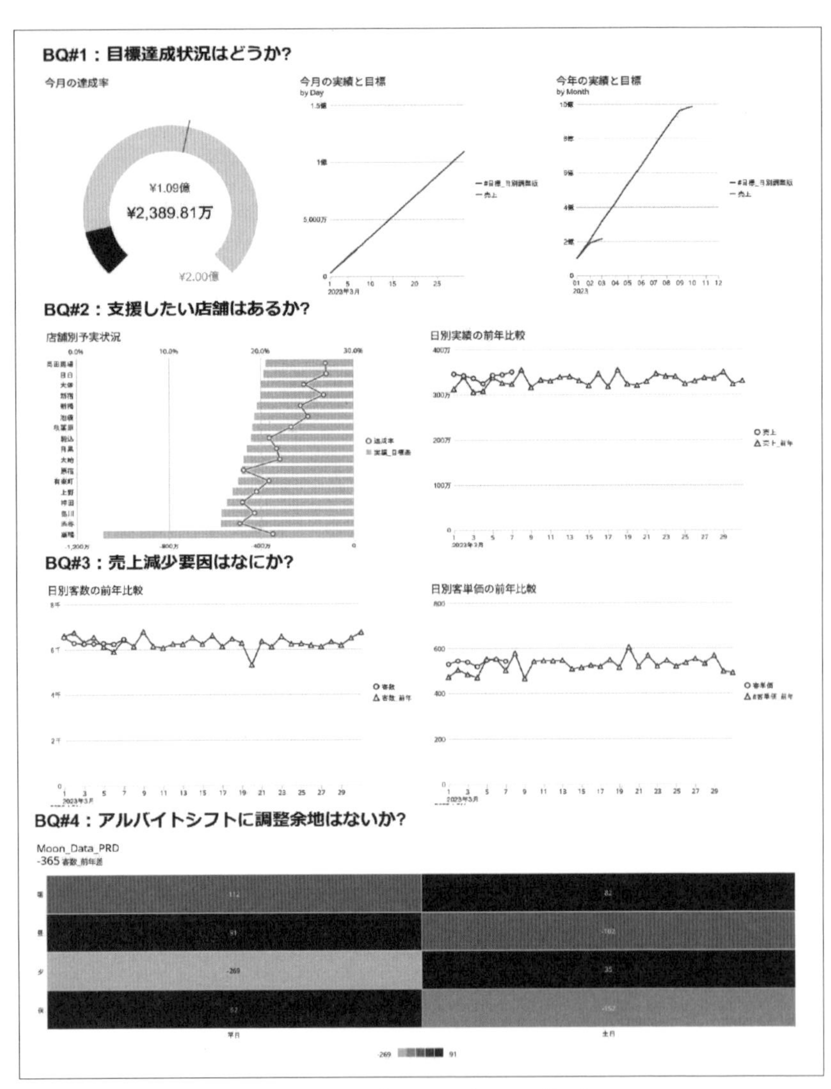

■ 図3-30　実装されたダッシュボード

実装レビューでは次の項目を精査していきます。初期リリースまでに修正ができる最後のタイミングとして臨みましょう。

1. BQの精査
2. チャート・レイアウトの精査
3. フィルタの精査
4. 色・プロパティの精査

1.BQの精査

実装されたダッシュボードにあるBQについて、目的、対象、回答との整合性などを精査します。BQを問う必要がなかったり、BQの回答としてのチャートに違和感があったりするケースも見受けられます。そのような場合はBQを改めて見直す必要があります。

2.チャート・レイアウトの精査

BQの回答としてのチャートが適切なものか、デザインが的確か、表現にズレがないかなどを精査・検証します。1つのBQに対して複数のチャートで回答としている場合、レイアウトの整合性などを確認し、必要があれば修正・調整します。

3.フィルタの精査

オーディエンスの立場で、ダッシュボード閲覧時のフィルタ要素・機能を検証し、配置などに問題がないか精査します。チャートにフィルタをかける場合は表示要素の数を調整し、対象期間の設定状況にも留意します。

4.色・プロパティの精査

先述のチェックリストを参考に、改善・調整すべきところを洗い出していきます。

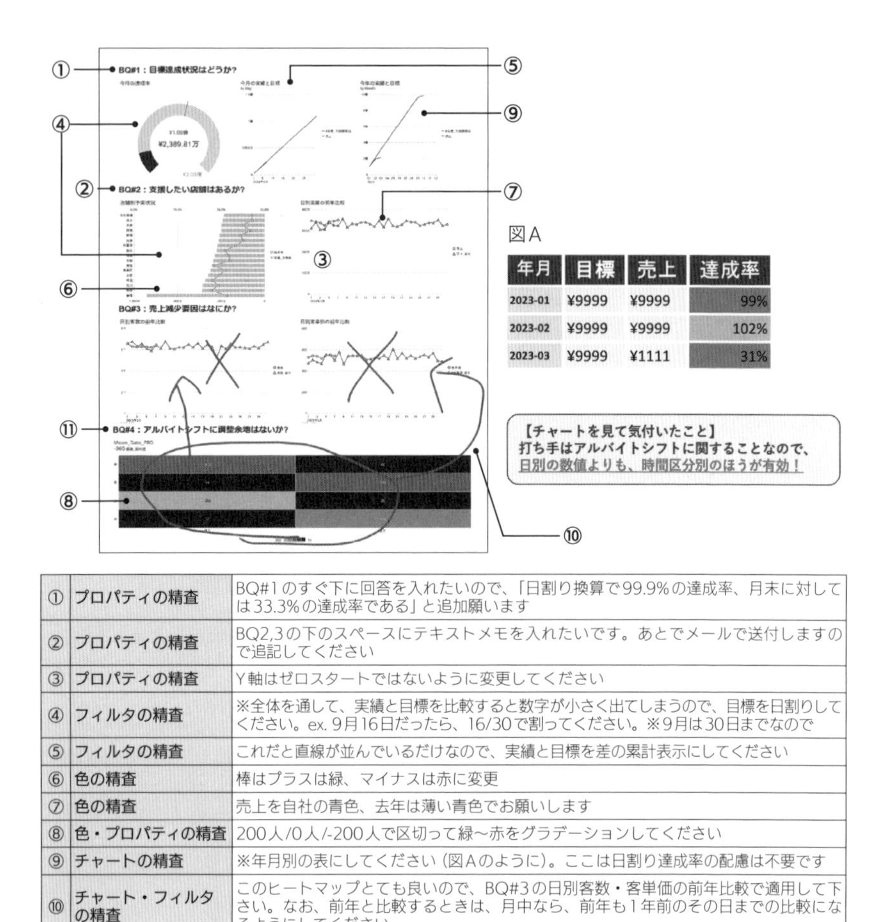

①	プロパティの精査	BQ#1のすぐ下に回答を入れたいので、「日割り換算で99.9%の達成率、月末に対しては33.3%の達成率である」と追加願います
②	プロパティの精査	BQ2,3の下のスペースにテキストメモを入れたいです。あとでメールで送付しますので追記してください
③	プロパティの精査	Y軸はゼロスタートではないように変更してください
④	フィルタの精査	※全体を通して、実績と目標を比較すると数字が小さく出てしまうので、目標を日割りしてください。ex. 9月16日だったら、16/30で割ってください。※9月は30日までなので
⑤	フィルタの精査	これだと直線が並んでいるだけなので、実績と目標を差の累計表示にしてください
⑥	色の精査	棒はプラスは緑、マイナスは赤に変更
⑦	色の精査	売上を自社の青色、去年は薄い青色でお願いします
⑧	色・プロパティの精査	200人/0人/-200人で区切って緑～赤をグラデーションしてください
⑨	チャートの精査	※年月別の表にしてください（図Aのように）。ここは日割り達成率の配慮は不要です
⑩	チャート・フィルタの精査	このヒートマップとても良いので、BQ#3の日別客数・客単価の前年比較で適用して下さい。なお、前年と比較するときは、月中なら、前年も1年前のその日までの比較になるようにしてください
⑪	BQの精査	BQ#4はなくしてOKです。BQ#3と統合します

■ 図3-31　開発者へのレビュー指摘

ストーリーのダッシュボードを「実装レビュー」する

ストーリーの実装ダッシュボードについて実装レビューし、指摘されている部分を示したものが図3-31です。

・BQの精査（指摘⑩について）

全体のBQの中で、BQ#4は「アルバイトシフトの調整」という打ち手に有効な表現と評価できますが、BQ#3は売上減少要因としての「日別の客数・客単価の推移」のチャートがスペースのわりに変動も少なく、次のBQへのつながりも希薄です。したがってBQ#3と#4を統合し、チャートも合わせた表現に修正すべきと指摘することができます。

・チャート・レイアウトの精査（指摘⑨について）

右上の線グラフは線が重なっていて、わかりづらいです。目標、売上、達成率を年月別の表形式とし、置き換えを指摘します。

・フィルタの精査（指摘④について）

目標と実績を単に並べるのではなく、差に着目した表現にすることや期末基準か実績基準かのフィルタを入れることなどが検討できます。

・色・プロパティの精査（指摘⑥⑦について）

チェックリストを使って精査していきます。軸の始まりの調整や「良い結果は緑、悪い結果は赤に」などの色調整事項が指摘できます。

レビュー時の指摘は、自分だけか、同僚も感じることか迷うかもしれません。慣れないうちは仲間内で議論しながら精査することを勧めます。

3-9-6 レビューの資産化

ダッシュボードの設計を繰り返し、レビューも回数を重ねると、価値を持った指摘事項が工程ごとで似通っていることにも気づきます。こうした経験値は当該組織にとって非常に価値あるものであり、知見の資産化を図って、設計にかかわるすべての人が活用するべきです。その「仕組み化」に向けて、レビュー時に「今回のレビュー内容で、最も印象に残ったこと」のリストアップを勧めます。簡易なアプリを用意して、レビュー参加者が一人1件ずつ入力していきます。Excelを使ってもよいでしょう。

このリストアップは最も印象に残った1件を選ぶ過程でレビューの振り返りとなる効果もあります。100件近くリストアップされてくると、ほかの設計者も同様の経験や印象を持ったことがわかり、レビューの方向性に確信を持てるようになります。

3-9-7 「エスカレーション」と「役割の終了」を考える

設計の段階では、BQに対してどのようなチャートが描かれるかはわかりません。また、設定したBQとその回答も、ビジネス状況の急変などでオーディエンスの職責を超えたり、逆に安定的状態に到達してBQの意味が失われることもあります。BQの見直しの際には、「エスカレーションポイント」と「役割の終了」に目を向ける必要があります。

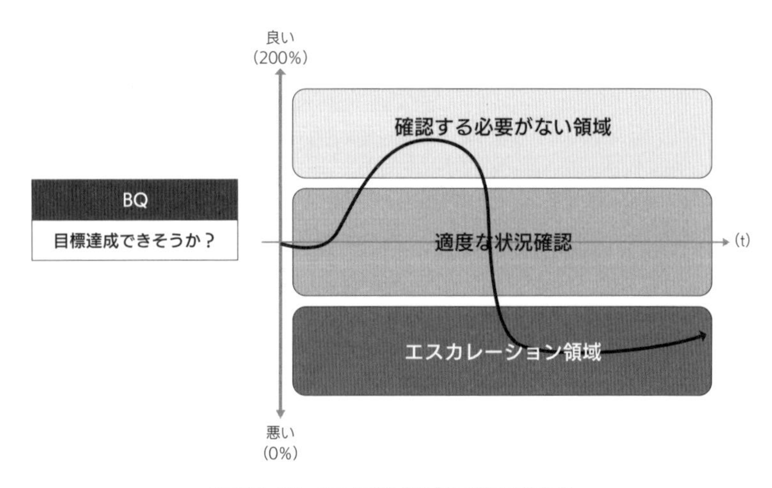

■ 図3-32 BQに対する値の時系列変化

「エスカレーションポイント」とは、BQで問われた状況が悪すぎたり、オーディエンスの業務許容量を超えたりした例外的な場合に上司に報告するべきポイントを指します。「目標達成できそうか？」というBQに対して、90%達成なら「頑張ろう」となりますが、20%程度の場合は経営計画に影響するため早期に上司を巻き込む必要があります。

この対極にあるのが「役割の終了」という考え方です。実装の時点ではBQが有効な認識をもたらしていたものが、時間の経過とともに業務改善が進み、重要度が下がり、BQの回答価値がなくなることが発生します。「やるべきことをしているか？」というようなBQによく見受けられます。「役割の終了」したBQと回答のスペースは価値あるものと交換します。

シナリオ構想において、「エスカレーション」や「役割の終了」を踏まえておくと、ダッシュボードが活用される姿が鮮明になります。ダッシュボードの実装から活用、役割終了までのライフサイクルもとらえられるので「BQの研ぎ澄まし」過程で考慮することを勧めます。

3-10 章のまとめ

本章ではダッシュボードの設計について解説してきました。ダッシュボードの価値はラフスケッチをどう描くかに集約されます。質の高いラフスケッチを描くには「3×3の設計技法」の各ステップを順に対応していく必要があります。各領域の要点は次の通りです。

要件整理

職責を担ったオーディエンスがシーンに応じて打ち手を講じるためのBQを洗い出す。洗い出すためにはオーディエンス周辺の関係性、職責、会議などの要素整理が有効。洗い出したBQは9フレームによって整理する。

データ認識

利用可能データの粒度・属性を確認して項目評価を行う。データ認識を効率的に進めるには、データの関係性を構造的にとらえる。文字列データは「データモデリング」、数値データは「数地図」を作成して有効な指標を導き出す。

設計

要件整理、データ認識で準備した素材を統合する。ダッシュボードの作成単位や着手順を決めてシナリオを構想し、BQを研ぎ澄ます。ラフスケッチを描いていく際には、チャートがBQの回答になっているかを意識する。設計の推敲としてレビュー工程を設けることで無駄な手戻りをなくし、設計品質を高める。

ダッシュボード構築に「3×3の設計技法」を取り入れると、構築の経験ある方は従来の準備と大きな違いがあることを実感できると思います。当初は大変な取り組みに感じるかもしれませんが、設計工程が進むにつれて納得感も出て作業にも慣れてくるので、じっくり取り組んでみてください。

次章では、構築したダッシュボードをいかに維持し、継続的に価値を生み出していけるかに焦点を当てて解説します。

Chapter 4

第 4 章

運用技法
―継続的に価値を生むために―

ダッシュボードがリリースされると、関係者から質問や追加要望を継続的に受けることになります。本章で紹介するのはよくある追加要望の例です。利用者の満足度向上のために、どのように対処していくべきなのでしょうか？

4-0 〈ストーリー4〉リリース後の変更依頼

リリース直後の変更依頼

田中さん

「前回のミーティングありがとうございました。ABCソリューションズの片岡さんとも連携して、ダッシュボードを作成してみました。」

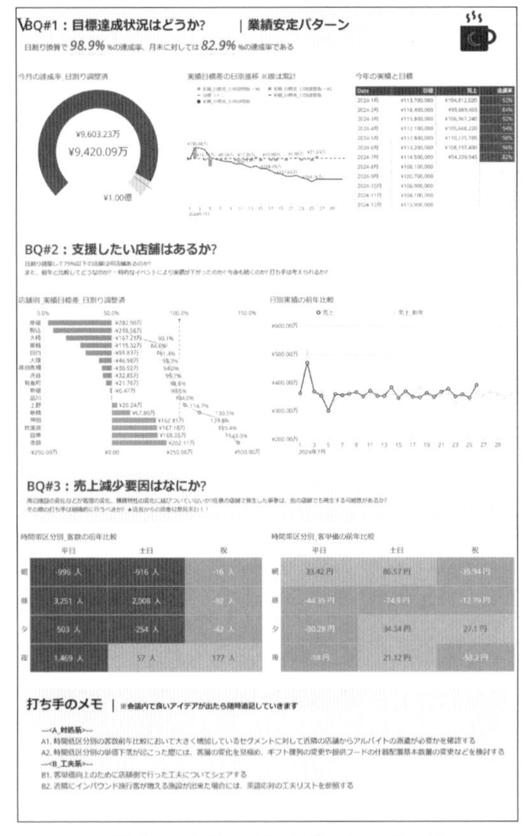

■ 図4-1　リリースしたダッシュボード

遠藤エリアマネージャー

「いいね！ 店長会議の話がそのまま表現されているし、自動でできるんでしょ？ 集計作業がなくなって本当に助かるよ。」
「ただ…これまでは表で見ていたから、表も載せてくれないかな？」

―数週間後―

遠藤エリアマネージャー

「いろいろな人からもっとこうしてほしいという依頼が来てるんだけど、次の5つの要望に対応してもらえないかな？」

1. 店舗別の売上ランキング
2. 天気情報の組み込み
3. 性別・年代別の客単価の変化
4. 客一人当たりの買い上げ点数
5. 時間あたりの席の回転率

―数カ月後―

リリース後の最適化

遠藤エリアマネージャー

「田中さんが作ったダッシュボード、順調に使われているよ！もうこれなしの状況には戻れないと思うね！」
「店長会議での店長の目つきが明らかに変わってきたのを感じるよ！今日はちょっと2つほど相談があるんだけど、聞いてくれるかな？」

「まず、このダッシュボードを店長全員に事前に見ておいてほしいので全員に告知すること、できるかな？」

「次に、アルバイトの店舗間調整が必要になりそうな時“だけ”知らせてほしい。これまでの感覚から月に3、4回くらい発生するんだ。」

―数カ月後―

リリース後のオーディエンス拡張

鈴木本部長

「店長会議用のダッシュボードができてから、準備時間もなくなって、議論も盛り上がるようになったって聞いてるよ。」
「もしよかったら私用のダッシュボードも作ってくれないかな？」
「本部長として、年間・四半期ごとの売上目標を達成しないといけないのはもちろんだけど、細かな売上進捗管理はエリアマネージャーに任せており、中長期を見据えた**新規出店と退店の判断**をする必要があるポジションにいるんだ。」
「出退店はビジネスロジックである程度は決めているが、最後は私が総合的に判断している。基本的には直近6カ月の売上が前年比80％を下回ったら退店候補。前年比120％を上回ったら近隣に出店検討。直近6カ月の増減要因が一時的か、今後も続くかなど現場の声を聴きながらの判断になる。」
「たまに不動産会社から『最高のロケーションのテナント空いたから入らないか』と連絡があると、いま飛びつくべきか、冷静になるべきか短時間で決めなきゃならない。」
「数字に表れる情報と現場の声を合わせて判断しなくてはいけないから、営業的な嗅覚が必要になる難しいところなんだ。」
「ダッシュボードには数字でわかる情報をすべて載せておき、常に知りたい情報を見られる状況にしておきたい。」
「僕は基本的に移動してるか会議してるかなので、パソコンを開くのは1

日に数回しかない。ほとんどiPadかiPhoneでメールを読んだり、電話したりして過ごしているので、**モバイル前提で考えてほしい**んだ。」

4-1 変更ごとに起こる品質低下の防止

4-1-1 基本的な対処方針

ダッシュボードがリリースされると、オーディエンス周辺からの追加要望が出るようになり、設計者に変更依頼が集まります。自らが設計したダッシュボードが活用されてありがたい反面、やみくもに要望に応じると設計時の熟慮が無駄になり、ダッシュボードの品質はあっという間に低下してしまいます。判断基準をしっかり持ち、変更の要望に対応することが重要です。次表の確認事項と対処方針を参考にしてください。

■確認事項

確認事項	備考
1.誰が欲しいのか？ （オーディエンスの再確認）	変更依頼する人はオーディエンスを意識することなく依頼をしてくる場合がほとんどなので、その人が欲しいのか、その人の先にいる人がほしいのか？ など意識的に確認する必要があります。
2.価値があるのか？ （打ち手の確認）	ただ単に見たいから、という理由で依頼されるケースがあるため、理由を考え、依頼者に確認を取ります。

■対処方針

A：現ダッシュボードに変更を加える

B：別ダッシュボードを作成する

C：対処しない

ストーリー中の変更依頼は、次表のように確認事項、対処方針の例をまとめることができます。ある程度の仮説をもって確認していくのがポイントです。量が多い場合は一覧化して対処方針をまとめていくことを勧めます。

依頼事項	確認事項の例	方針例
1. 店舗別の売上ランキング	なんとなく見たいからという単純な理由か？	C
	ランキングが人事査定に影響していたり、エリアマネージャーからみて店長を鼓舞したりする材料になるのか？	A
2. 天気情報の組み込み	わかったところで打ち手があるのか？	C
	雨の日の平均を上回ったか？ などの天気別の売上平均等のBQにつながるのか？	A
3. 性別・年代別の客単価の変化	店長ではなく、別部署の人のためのものでないか？	C
	店長と別部署の人の議論が効率化されるなどの効果が見込めるのか？	B
4. 客一人当たりの買い上げ点数	ただ何となく見たいからという単純な理由か？	C
	誰が知りたいのか？ 打ち手につながるのかを確認する	A
5. 時間あたり席の回転率	席数は気軽に増やせないので、打ち手につながらないのではないか？	C
	誰が知りたいのか？ 打ち手につながるのかを確認する	A

4-1-2 表の特性を理解した活用

リリース直後の変更依頼で頻繁に発生するのが、「これまで表で見てたから、表も載せてくれないかな？」など既存レポートで見慣れた表を残したいという要望です。チャートを活用することで必要な情報を効率よく伝達して打ち手につなげたいという設計者側の想いと、これまで通り見たいという利用者側の想いに折り合いをつけなければなりません。

チャート表現と比べた表のメリットとデメリットをまとめると次表のようになります。

メリット	デメリット
1. 多くの数値要素を表示できる 2. 数値を正確に把握できる 3. 既存レポートとの親和性が高いことが多い	1. 認識するまでに時間がかかる 2. 行動を促しづらい

ここからいえるのは、**既存レポートからの段階的移行と正確な数字の把握のために表は必要だが、メインにはしない**ということです。

今回のストーリーでは、以下のような対処となります。

1. 月次の売上、達成率などの数字を報告の際に正確に伝える必要があるため、右上のスペースに配置
2. 既存レポートと同形式のクロス集計表を配置することで安心感を確保するため、ページの下部に配置

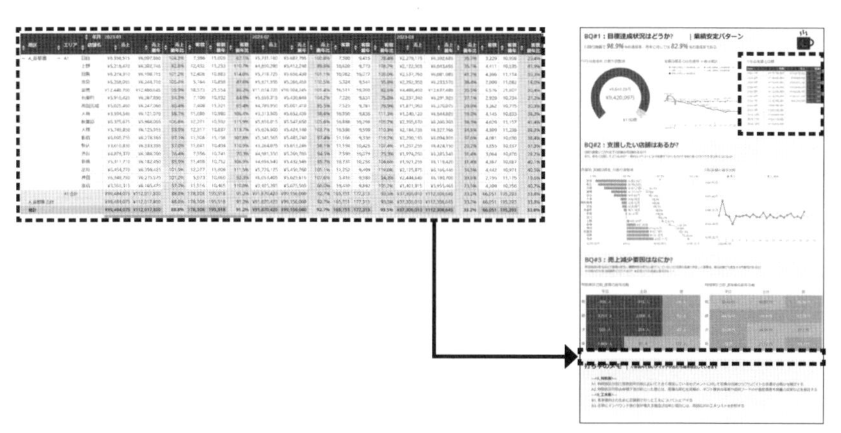

■ **図4-2**　ダッシュボードへの表の挿入

4-1-3　現場エースの意見反映

ここまで、現場知識のない田中さんが突然の業務指令を受け、遠藤エリアマネージャーからのヒアリングをもとにダッシュボードを設計するという内容でストーリーを進めてきました。

ダッシュボードが使われるようになると、現場のエースたちの意見が変更依頼という形で入るようになります。現場を熟知するエースたちの助言ほど

効果に直結するものはないので、積極的に取り込んでいきましょう。

次表は本書の「ムーンバックスのストーリー」を利用した研修の後に、実際に外食チェーンで現場経験のある方が筆者に教えてくれた内容です。

本ストーリーでの設計思想	現場経験者の視点
オーディエンス（遠藤エリアマネージャー）の打ち手であるアルバイトシフトの店舗間調整を導くためには、**前年と比較して客数が増減している時間帯を把握できればよい**	客数の増減はアルバイトシフトの調整には使われない。重要なことは店舗の忙しさの指標（席の回転率）であり、アルバイト調整の参考値として使われるのは**時間当たり席の回転数**である
オーディエンス（遠藤エリアマネージャー）が店長との週次会議で見るものは売上進捗とアルバイトシフト調整のための指標である	エリアマネージャーであれば**客一人当たりの買い上げ点数**を見るべきである。これが著しく低い店舗があれば「サイドメニューはいかがですか？」などの声掛けの徹底や商品陳列の見直しなどの打ち手につながる

こうした有効な指標があるなら設計時点で取り込むべきと思われるかもしれませんが、ヒアリング時点で現場エースの声を聞くことは、叶わない場合がほとんどではないでしょうか。自身で集められる範囲の情報から自分で考えた通りに設計を進め、現場のエースの目に留まったら既存ダッシュボードを更新するというスタンスで推進していくことを勧めます。

これまでのストーリーで見てきたように、**現場の知識・経験が深くなくてもダッシュボードの設計・運用は可能**なので、まずはできるところから一歩踏み出すことが大切です。

また、現場エースの意見が出てくると、経営層の一声にも劣らぬ影響をもたらすことになりますが、**優先されるのはあくまでオーディエンスであること**を忘れないでください。エリアマネージャーのためのダッシュボードを構築しているときにエースエリアマネージャーの意見は参考になる可能性が高いですが、エース店長の意見が参考になるかはわかりません。

なお、外食ビジネス等の店舗オペレーションでは次のような分析Tipsもありますので紹介します。

店オペレーションで使われる分析のTips

1. 前年比較ではなくて、52週前比較（曜日調整込みの前期比較）を行う
2. 売上・客単価・客数などは、1店舗・1時間単位の数字に調整してコミュニケーションする

重要なポイント

1. 現場エースの視点は初めから出ない。改善を繰り返す過程で出てくる
2. 改善の先にあるツウな指標がその業務の個性であり、それを認識して活用する

4-2 導線の拡張による利用価値向上

4-2-1 定期配信

ダッシュボードを見るためにログインし、画面をクリックしてたどり着くという行為は、習慣化していない利用者にとっては大きな負担です。それを解決する有効な手法が、ダッシュボードのスクリーンショットの定期配信です。

ダッシュボード設計時のシーン定義で定期配信を意識できると理想です。週次や月次などの定期的な会議がある場合は、その前日や当日の朝に定期配信します。定期的ではない会議では、月初や月末のタイミングで定期配信を設定すれば、ダッシュボードの存在を認知し続けてもらえます。主要なオーディエンス以外の人に高い頻度で配信すると迷惑になるので注意しましょう。

BI製品に定期配信の機能が備わっていない場合は、担当者を決めてダッシュボードのスクリーンショットをメールで送付する運用を検討しましょう。

今回のストーリーでは、"店長会議が開催される毎週火曜日の朝に定期配信する"が対処方針となります。

4-2-2 アラート

ダッシュボードが増えてくると、ダッシュボードの閲覧頻度に差が出るようになり、知りたいときだけ知らせてほしいというアラートのニーズが出てくるようになります。「アルバイトの店舗間調整が必要になりそうな時期だけ知りたい。これまでの感覚からすると月に3、4回くらい発生する」という依頼からわかるように、**月間の発生頻度が5回以内程度の場合はアラートが有効な選択肢**となります。特に経営層や管理職は自分の管理領域がダッシュボードなどで可視化されればされるほどアラートを多用するようになります。

アラートを設定する際のポイントは次表の通りです。

設定内容	ポイント
アラートの閾値	適切な閾値設定を状況に応じて使い分ける ・1件でも発生したら ・数値がある閾値を超えたら ・前回より増減したら
アラート送付時のテキスト	放置することの悪影響と次アクションとして何をしたらいいのかを明文化する
アラートの共有先	誰がこのアラートを受け取るべきかを明確にする

今回のストーリーでは、次のポイントを確認してアラートを設定します。

- アルバイトの店舗間調整が必要になりそうな条件
- 放置することの悪影響
- アラート発生時の次のアクション
- アラートの受け手

4-2-3 モバイル

経営層や営業担当など会議や移動が多いビジネスパーソン向けには、モバイルの活用の検討が必要です。最初からモバイル前提で考える場合も、PCで利用していたダッシュボードをモバイルでの利用を想定したものに調整する場合もあります。次表は、PCとモバイルの比較をさまざまな観点でまとめたものです。

項目		PC	モバイル（スマホ/タブレット）
主な利用者		**デスクワーク中心** →コーポレート系職種・企画職など	**移動と会議が多い** → 経営層や営業職など
特性	画面	**広い** →1画面で複数のチャートを見られる →チャート間のフィルタ連動がうまく機能する	**狭い** →1画面では2枚程度のチャートしか見られない →チャート間のフィルタ連動の価値が薄まる
	クリック操作	**少ない** →1画面の情報量が多いためクリック数は少なくなる傾向にある	**多い** →クリック操作やスクロール操作をすることで情報を得られるのでクリック数が多くなる傾向にある
設計時の配慮点		**チャートだけでなく、テキストやフィルタ操作用のチャートを並べることが重要になる**	**ドリルダウンやチャート操作時のフィルタの必要性が高まる** **また、ユーザーはピンチアウトやスクロールも多用する想定を持つ必要がある**

今回のストーリーでは鈴木本部長から、「よかったら私用のダッシュボードもつくってくれないか？」というダッシュボードの新規作成を依頼されているので、既存ダッシュボードにある次図のグラフを参考にして対応していきましょう。

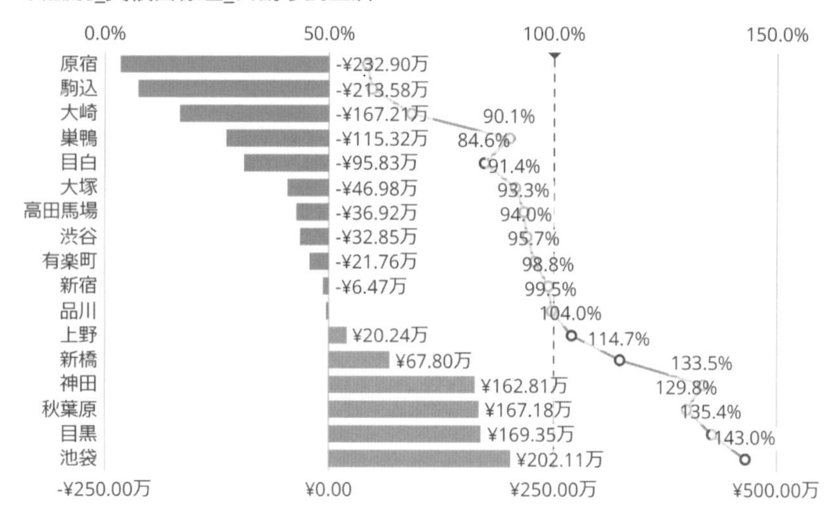

■ **図4-3**　参考にする作成済みチャート

「出退店はビジネスロジックである程度は決めているが、最後は私が総合的に判断している。基本的には直近6カ月の売上が前年比80%を下回ったら退店候補。前年比120%を上回ったら近隣に出店検討。直近6カ月の増減要因が一時的か、今後も続くかなど現場の声を聴きながらの判断になる。」

ここでは簡易的に設計を行い、次のようにまとめます。

BQ#1：出退店候補の店舗はあるか？
BQ#2：直近6カ月の売上推移はどうか？

そのラフスケッチです。

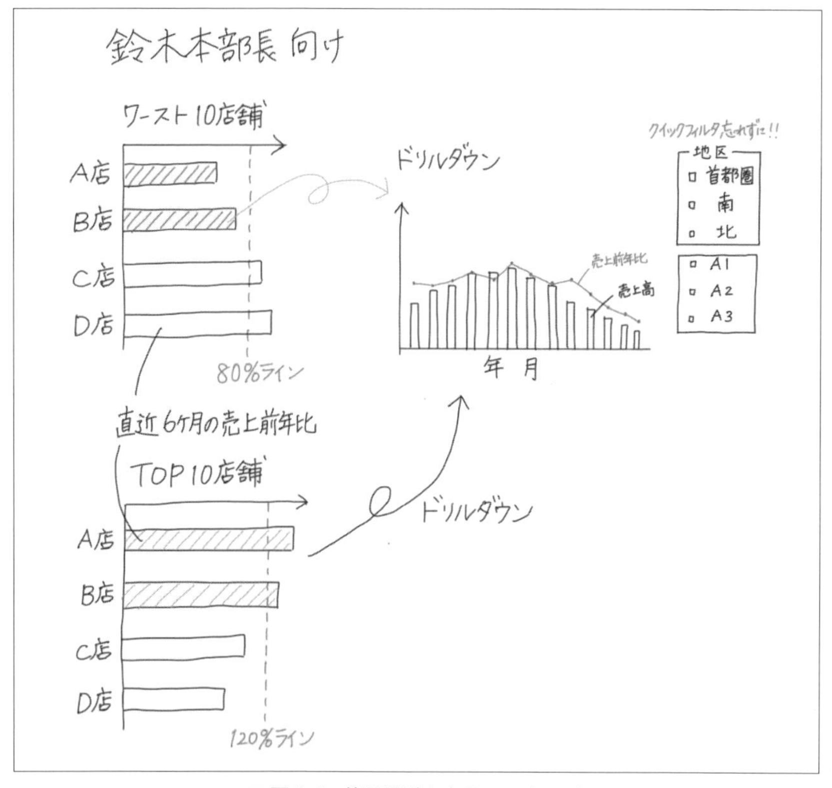

■ **図4-4　簡易設計したラフスケッチ**

モバイルの場合はチャートの量を減らし、1つのチャートでドリルダウンやフィルタ操作できるよう設計します。今回の場合、出店候補、退店候補がパッとわかり、ドリルダウンして過去の推移を見られるようにすれば、移動中にスピード感をもって確認、判断したいという鈴木本部長のニーズに応えられそうです。

このように**設計シートをもとにした設計スキルを一度身につけると、運用の際には要点だけまとめて対処できるようになる**ので、ぜひ第3章の内容を、設計を実践しながら読み返してもらえると幸いです。

4-3 章のまとめ

本章ではダッシュボードの運用について解説しました。リソースを投じて構築したダッシュボードの魅力を維持し、さらなる利用価値向上をめざすための要点を以下にまとめます。

変更依頼の対処方針

やみくもに変更依頼を取り込まず、誰が欲しいのか？ 価値があるのか？を再確認し、現ダッシュボードを変更するべきか、別ダッシュボードを作るべきか、そもそも対処しないかを検討します。表を組み込む際にはメリットとデメリットを理解したうえで状況に応じて対処します。現場エースの意見は積極的に取り込んでいくべきですが、あくまでオーディエンスを優先します。

導線の拡張

ダッシュボードを利用して価値を感じるための導線として定期配信やアラート、モバイルの利用について検討します。モバイルを想定する場合は、PCとの違いを認識し、チャート数、操作数を意識した設計を心がけます。

設計に関する知識を深めるほど、運用の重要性を痛感すると思います。実際に運用を続ける過程で新たな設計要件が生まれる経験を重ねるうちに設計と運用の循環が意識されるようになります。これらの肌感覚は、設計やレビュースキルに直結し、ビジネスパーソンとしてのポータブルスキルになると確信しています。

次章では、ここまでに学習した設計・運用技法を用いて推進したプロジェクトの実例を紹介したいと思います。

Chapter 5

第5章

設計事例
―急成長するSaaS企業のダッシュボード再構築―

設計技法が身につくと、さまざまな業務に役立てることができます。本章では、急成長するSaaS企業におけるダッシュボード再構築プロジェクトの事例を紹介します。設計技法は具体的にどのように適用され、それによってどのようなダッシュボードができあがるのでしょうか？ また、ダッシュボードを構築するとどのような改善活動につながるのでしょうか？

5-1 SaaS企業にみる設計事例

企業紹介

会 社 名：ドーモ株式会社（※）
組織規模：50～100人
事業内容：SaaS製品の販売・導入支援
※米国企業であるDomo, Inc.の日本支社

背景情報

世の中がDX（デジタルトランスフォーメーション）ブームに沸く中で、米国系SaaSベンダーの日本支社であるドーモ株式会社は急成長を遂げています。日本におけるクラウド型BIの市場は順調に拡大しており、日本支社では社員数が3年間で倍増し、組織改編が頻繁に行われてきました。

そのような中で、兼務の社員から成る有志チームが業務の可視化とプロセス改善のためにダッシュボード構築を進めてきましたが、主要顧客からの支援要請や大きな見込み客の登場によって活動が中断されることがしばしばありました。また、**データ収集の容易さと目標への直接性から、営業関連のダッシュボードは数多く存在するものの、その他の領域のダッシュボードは有志メンバーの所属部門に関連するチャートが存在するのみ**という状況でした。

この時点でプレジデント　ジャパンカントリーマネージャー（以降、カントリーマネージャーと表記）は次のようなことを感じていました。

- 担当業務へのフォーカスが強すぎるあまり、**横の部署との連携意識が弱い**
- 組織全体で達成すべき目標（KGI）に対して成功要因は各所に散らばっているが、現状の部署別ダッシュボードだけでは抜け漏れがあるのではないか
- 社員全員がビジネスの全体像から課題を見つけ出し、自ら動く仕組みをつくりたい

つまり、**KGI達成のためには営業に関する可視化が重要だが、その前後にある工程を適切に捉え、社員全体に見せていくことで部署間の連携を促進したい、各社員が自分の仕事が組織全体の成果にどのように貢献しているかを意識してほしいという思いがありました。**これまで有志のメンバーが作成したチャート資産も活かしつつ、“使われるダッシュボード”として再構築する必要性を感じていたのです。

再構築プロジェクトに関わったメンバーは、カントリーマネージャーと各組織を率いるディレクター、実装を担当するコンサルタントの計8名です。各メンバーが多忙な中での活動のため、キックオフミーティング以降は月一回の定例会議を行う形式で進めていきました。

キックオフミーティングは、カントリーマネージャーから再構築プロジェクトの目的が伝えられ、**“なぜ既存のダッシュボードでは物足りないのか？”**という問いを中心に、各ディレクターからも現状の課題が出され、それらを共有することになりました。

そこで明らかになったのは、**KGI達成のための道筋が営業の世界に閉じている**ことでした。そのため、最初のステップとして、KGI達成の全体像がわかるダッシュボードを構築できないかということになりました。

5-2 ミッション1 KGI達成がみえるダッシュボードを設計せよ

本書の設計技法に従って再構築プロジェクトの足取りを見ていきます。オーディエンスの定義は次表の通りです。

ID	人数	オーディエンス	サンプルユーザー
A	1人	カントリーマネージャー	川崎さん
B	≒5人	ディレクター	アルバートさん・鈴木さん・ランジートさん
C	≒70人	社員	中島さん

「背景情報」からは“全社員が見る”ことを想定しなければならないと読み取れますが、**メインターゲットはカントリーマネージャー**です。カントリーマネージャーが組織全体のKGI達成という職責を背負っているからです。そのためカントリーマネージャー周辺であるディレクターのみを細分化します。（カントリーマネージャーの上位には米国本社の役員が存在するが、別法人格なので割愛）

想定される職責・打ち手（抜粋）は次表の通りです。

ID	オーディエンス	職責	打ち手
A	カントリーマネージャー	日本支社の年次の目標（KGI）達成	予算策定・執行 本国へのエスカレーション
B-1	ディレクター（マーケティング）	MQLの達成 適正なSAL*単価の確保	マーケ施策の計画・推進・評価
B-2	ディレクター（営業）	売上KPI（新規・既存）の達成	主要案件への介入 業務ルールの変更 案件の担当変更
B-3	ディレクター（クライアントサービス）	契約更新目標の達成 顧客満足度の確保	主要案件への介入 アサイン変更
C	社員	各部での業務遂行	ディレクターへのエスカレーション

*SAL：Sales Accepted Lead（営業員が承認したリード）

考えられる利用シーンは次表の通りです

シーン候補	内容
①	月次で行われる全社会議
②	月次で行われるディレクター以上の会議
③	ディレクターとカントリーマネージャーの1 on 1 会議

考えられるBQ候補について、今回のパターンは、**KGI達成を目標とした進捗確認の意味合いが強いので、進捗会議のBQテンプレートを使って考えていく**ことにしました。

要件の整理がおおよそできたところで、データ認識を進めていきます。(データ構造は公開が難しいので割愛し、数地図の整理に焦点を絞って説明します)

今回は"合計受注金額"と"契約更新率"の2つのKGIが定められ、さらに"合計受注金額"は新規・既存顧客の区分とリカーリング・ノンリカーリング(継続収益か否か)の 区分が関連指標として定義されました。

数地図の作成は、「受注(または成約)」をゴールとする工程を中心に据えて、そこに向けて図解(**ゴール到達系**)していくことと考えられます。売上パイプラインを細かく捉えた数地図は営業向けの印象が強くなりますが、今回は組織全体を管理したいという目的なので、管理粒度を粗くする必要がありました。

カントリーマネージャーとディレクターが数地図の合意に至るまでには2回ほどドラフト案を提示し、議論することになりましたが、**どの工程に問題があるかを明らかにし、行動を起こすための心地よい粒度を探りたい**と伝え、濃密な議論ができたと思います。次図が最終的にできあがった数地図です。

KGI

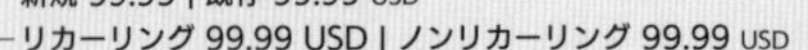

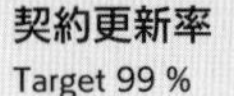

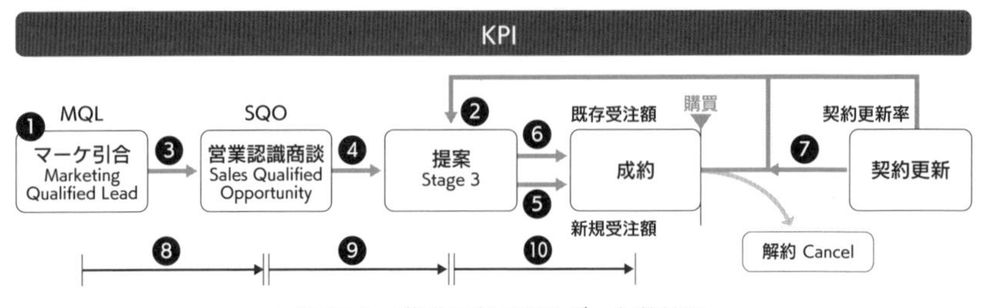

■ 図5-1　議論の末できあがった数地図

ここではMQL（Marketing Qualified Lead）を「マーケ引合」、SQO（Sales Qualified Opportunity）を「営業認識商談」として定義しています。

前章（3-6-5の数地図Step3）で述べたテクニックを利用すると、①②が流量に関するもの、③～⑦が離脱に関するもの、⑧～⑩が滞留・LTに関する指標となります。KGIは大きく2つ、KPIは全部で10個配置しました。

ここからシナリオ構想シートでBQを研ぎ澄ます工程に入ります。前述（3-3-3）の通り、進捗会議のBQテンプレートを使って「目標達成できそうか？ どこがダメ？ なんでダメ？ やるべきことしてる？」をベースに考えました。

以下はBQを調整する過程を表現したものです。

BQ#1：目標達成できそうか？　→ 今期のKGIは達成できそうか？
BQ#2：どこがダメ？　→（なし）
BQ#3：なんでダメ？　→ 流入・離脱に課題はないか？
BQ#4：やるべきことしてる？　→ 滞留に課題はないか？

BQ#2が「なし」になっている理由は、営業組織が複数の課に分かれるほどの規模でもなく、扱っている製品数が少ないためです。目標データは営業員別の粒度まで所持していたので、“目標未達の営業員はいないか？”というBQの設置もできましたが、これは別ページで営業員のパフォーマンス管理用のダッシュボードが存在していたため、ここでは割愛しました。

これらをラフスケッチに落としていくと次図のようになりました。

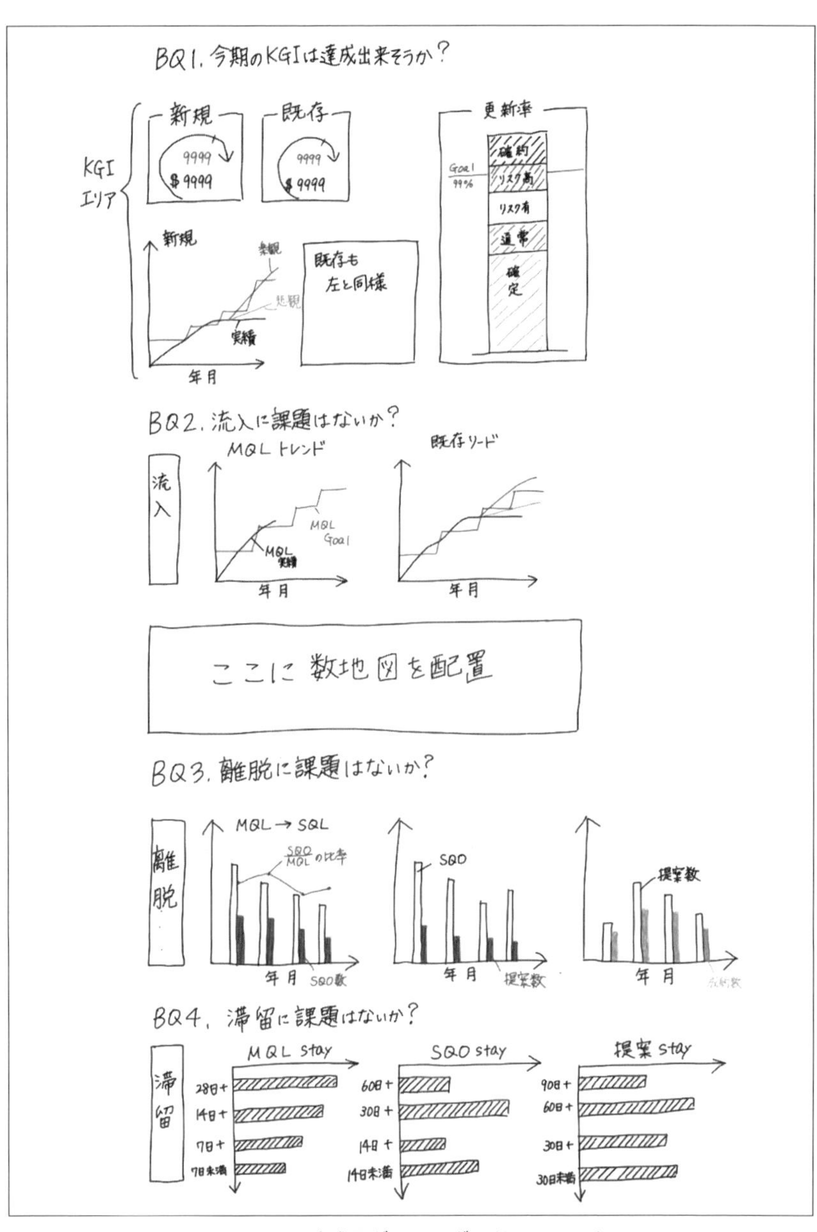

■ 図5-2　KGI達成用ダッシュボードのラフスケッチ

このラフスケッチをもとに議論を進め、おおよそダッシュボードの方向性に問題ないことを確認し、チャート表現の簡素化などについても議論を繰り返しました。

推敲を重ねて実装し、できあがったダッシュボード（抜粋）は次図のようになりました。

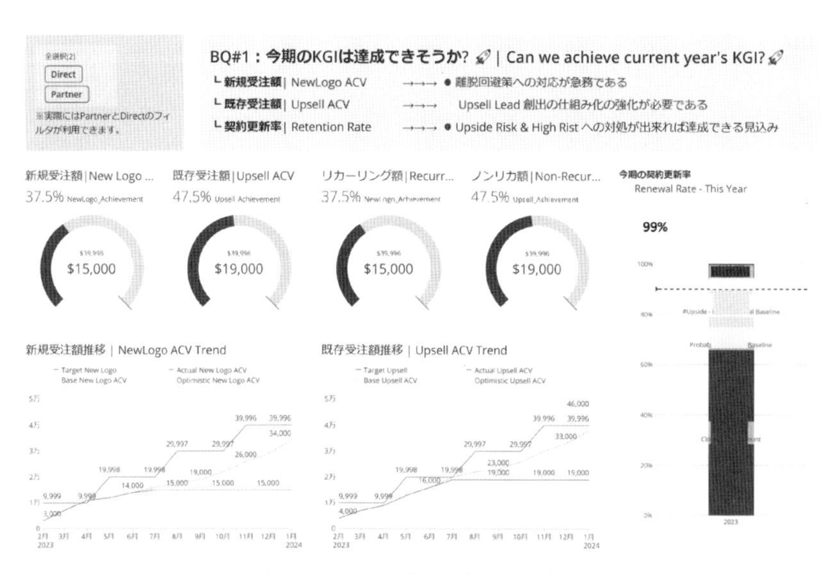

■ 図5-3　できあがったダッシュボード1

BQ#1は、KGIの達成状況を表します。新規・既存受注の他に、リカーリング・ノンリカーリングの観点でも達成具合を確認でき、新規・既存受注については推移チャートを見ることで、残り期間と見込み状況などのおおよその到達度が確認できます。（※年度末着地見込み予測を含めたチャートもこの下にある）

右側には契約継続率を示す縦棒チャートが表示されています。

本書ではグレーの濃淡ですが、実際の画面では緑、黄緑、黄、赤、グレーで表示され、契約更新が済んだもの（緑）、契約更新が予定されているもの

(予想を黄や赤で表現)、契約更新ができなかったもの (グレー) というように、状況と予想値を組み合わせた区分値で把握できます。

推移チャートにある4つの階段は、目標が四半期ごとに定められていることを示しています。メインターゲットのカントリーマネージャーは、四半期ごとの目標達成を求められますが、年間を見通すために、年間目標を基準にダッシュボードを構築し、あとは四半期フィルタを設置することで対処しました。

また、フィルタの配置についてはビジネスの全体像の把握を目的としているため、"Direct/Partner (直販/パートナー経由)" の商流区分程度で抑えています。

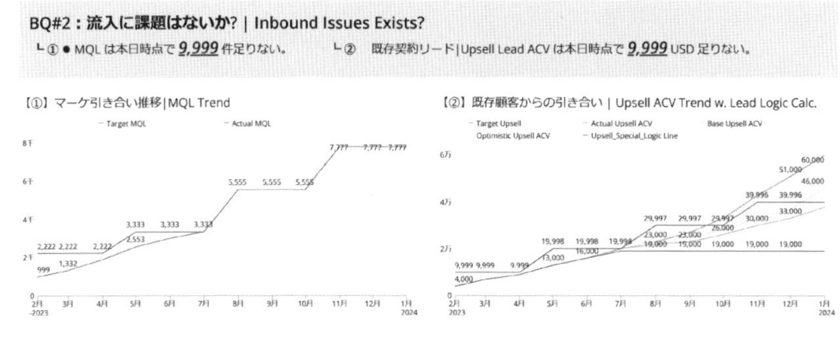

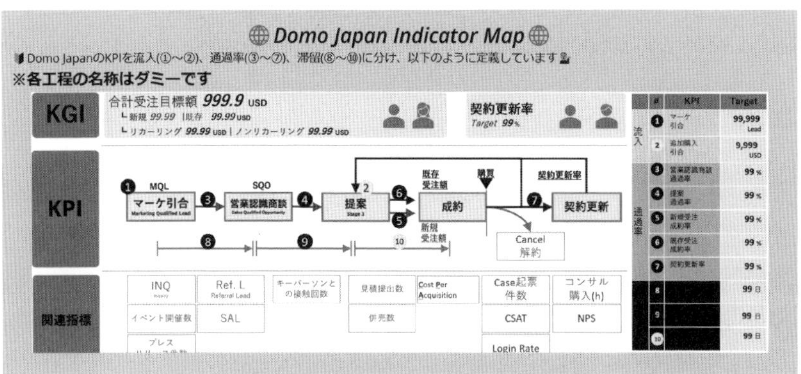

■ 図5-4 できあがったダッシュボード2

BQ#2で表現しているのは流入に関する課題です。

流入経路はWebやオフラインイベント、他社からの紹介などさまざまなものがあり、ここでは組織全体を見る目的で、推移を確認していきます。図5-4の右側の推移チャートは既存顧客の追加購入に関するリードの推移を表現しています。

さらに、中段に数地図を配置することで見るたびに全体像を意識させ、「今年の目標」や「工程の問題」が一目でわかるようになっています。KPI番号の信号機表現は、システムで自動的に反映されるのが理想ですが、改善活動の序盤などは頻繁に色が変わるわけではないので、四半期単位で定量・定性的に判断し、マニュアルでの更新を続けてもよいと考えています。

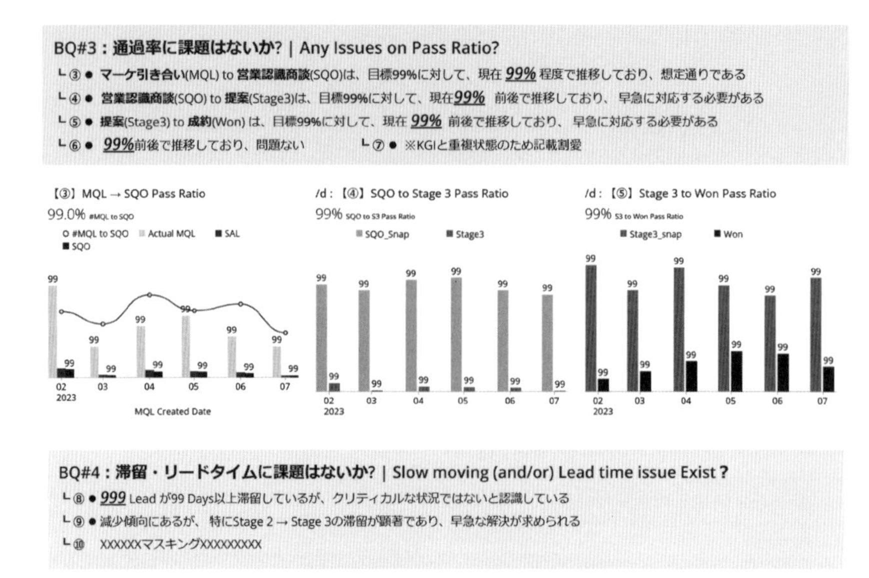

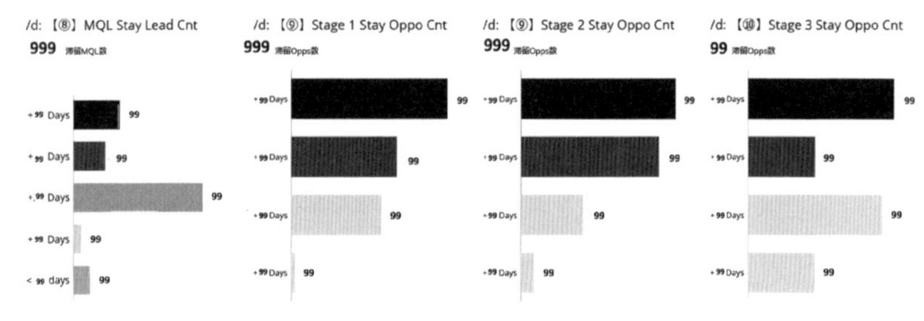

■ **図5-5** できあがったダッシュボード3

図5-5のBQ#3、#4は、通過率と滞留についての表現です。ここで意識すべきは、表現の統一性です。同じ表現で並べることで利用者の情報認識時の負担を減らすことを意識しています。また、**通過率や滞留は、算出ロジックが揺らぐと意味がない**ため、責任領域のディレクターと各KPIについて個別の議論を行い、利用者の目に留まるところ（チャートのツールチップなど

のメモ領域）にまとめる作業を行いました。

さらに、BQ#4の下段に“関連指標について”と題して各KPI番号に関連する情報を並べることで、BQ#1～4までの基本となる流れを大切にしつつも、関連指標についても確認できることを利用者に示します。（※関連指標が増えてきたら新たなダッシュボードを切り出す）

重要なポイントを改めて挙げます。

1. **各BQには結果サマリを書く**
2. **数地図を中段に配置し、ビジネス全体像の把握機会を増やす**
3. **各KPIの数値認識について責任領域のディレクターと正確に合意する**
4. **各チャートタイトルにKPI番号をつけて全体像との連携を意識させる**
5. **シンプルなチャートタイプを使用し、表現を統一することを心がける**

なお、本プロジェクトのキックオフからこのダッシュボード構築までにかかった期間は約1カ月ほどでした。このダッシュボードがリリースされてからは、月次会議を開催して各ディレクターが各KPIの課題認識、当月の達成内容、翌月以降の予定を議論しています。

すぐに変化が起こったのは滞留関連KPIです。⑧MQL滞留は悪化し、⑨営業認識商談（SQO）滞留は良化しました。⑧が悪化した原因は担当者がリード対応後の振り分け処理が曖昧なケースが存在したことで、⑨が良化した原因は、営業ディレクターの呼びかけによるものでした。しかし、呼びかけだけで解消した滞留は半数ほどで残りは滞留のままです。この原因は次のミッション2で取り扱います。一方で通過率（離脱）関連はすぐに対処できるものではありませんので、中長期プランを練って対応していくことになり、進捗報告をすることになりました。

月次会議を繰り返していくうちに、④については、⑨が、といった**KPI番号で会話が成り立つ状況が生まれたことが何よりの即効性のある効果であった**と認識しています。

5-3 ミッション2 営業活性化ダッシュボードを設計せよ

営業員が商談を滞留させる原因は、自分の商談はまだ終わったわけではない、まだチャンスがあるという想いからくるものでした。別名「負けず嫌いリスト」と称された滞留一覧には長期にわたって放置されている商談が常にリストアップされています。営業員が負けず嫌いなことはよいことですが、**次アクションを予定していなかったり、多くの商談を抱え、その顧客に対する今後の営業活動を考える暇もなかったりする場合は、適切な営業活動とはいえません。**

また、営業員が商談情報を更新しない問題も同時に発生しており、**営業ディレクターとしては各営業員の状況を把握するコストが高く、誰を助けるべきかの判断が感覚的なものになっていました。**さらに、営業活動は営業担当者と顧客との相性の問題があって、**営業ディレクターとしては担当替えで商談を前進させたい**が、**頑張ってきた営業から理由なく商談を取り上げるのも難しく、判断材料がないので手を付けられない**という状況が続いていました。

こうした中でカントリーマネージャーと営業ディレクターは
「現在有効な商談について、担当営業をシャッフル（再割り当て）する仕組みをつくれないか？」と考えました。
カントリーマネージャーや営業ディレクターが以前勤めていた企業では商談シャッフルの仕組みがあり、営業担当はシャッフル候補にならないようにスピーディーな営業活動を心掛けていたという記憶から生まれたアイデアでした。社員数が少ないときには考えもしなかったことですが、組織規模拡大につれて選択肢として浮上してきたというわけです。

ワイガヤな雰囲気の議論を交えてたどり着いたのが以下のシナリオでした。

1. 過去Nカ月で成約した商談は平均で何日のリードタイムを要したのか？
2. 現在滞留している商談は1.の平均を上回っているか？
3. 2.で上回っている商談は、明確な次アクションが定められていない場合、シャッフル（担当の再割り当て）すべきか？

シナリオ定義、BQの研ぎ澄ましも、慣れてくるとワイガヤな議論の中で上記のような箇条書きまで到達することができるようになります。

今回のシナリオは、条件を定義しフローチャートを描ける業務運用系シナリオといえます。

この考えに基づいて記載したラフスケッチが図5-6です。

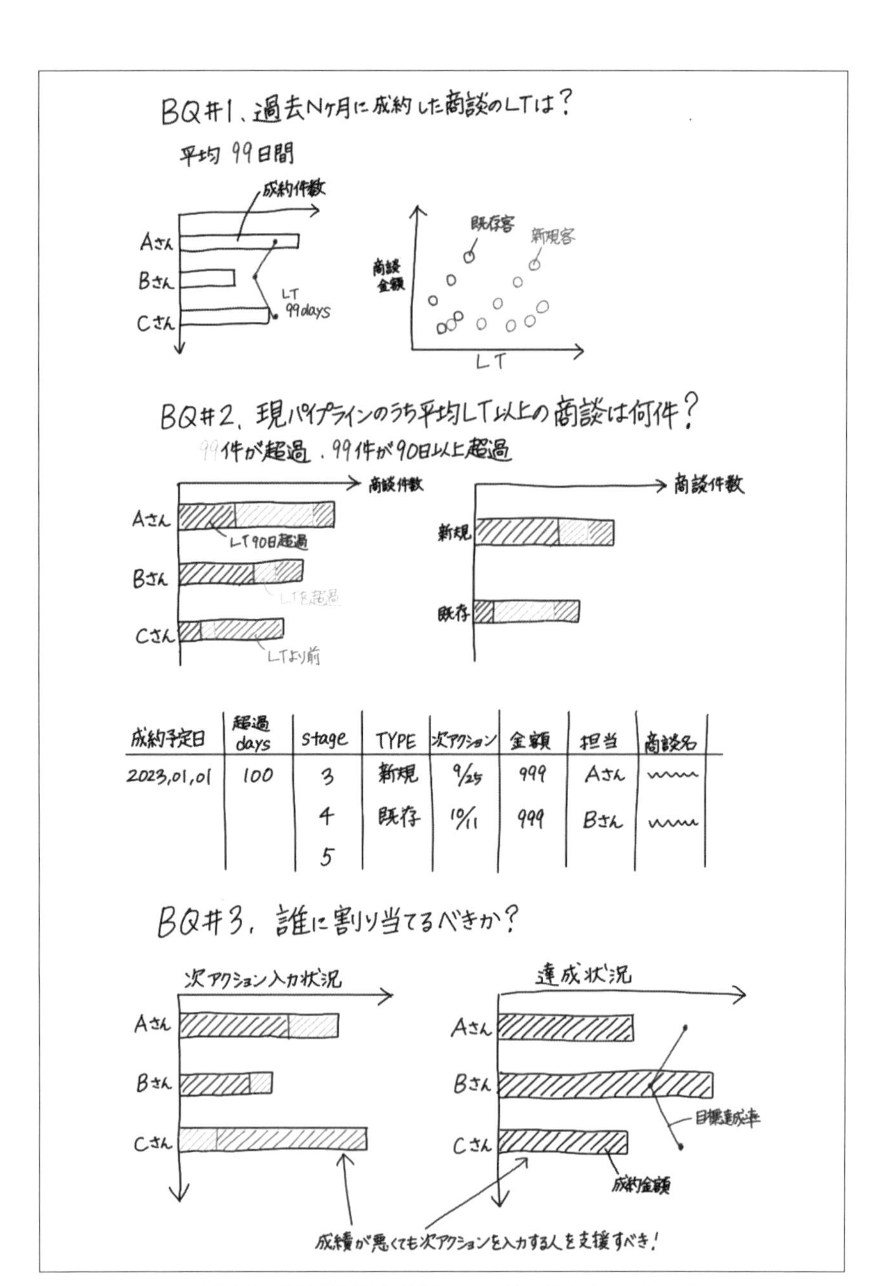

■ **図5-6**　営業員活性化用ダッシュボードのラフスケッチ

推敲を重ねて実装し、できあがったダッシュボード（抜粋）は次図のようになりました。

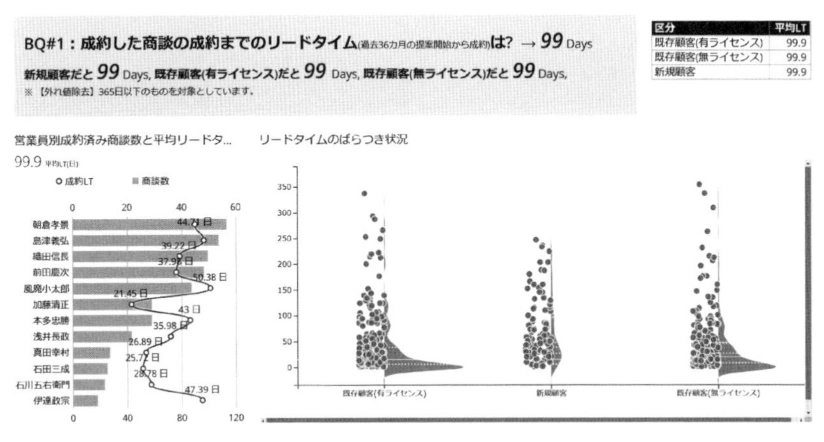

■ 図5-7　営業員活性化用ダッシュボード1

BQ#1では成約した商談のリードタイムを算出しているのですが、営業担当者ごとのばらつきや、商談の特性（新規顧客、既存顧客のライセンス有無）によってどの程度ばらつくのかのイメージがわかるように表現します。

右側のチャートはばらつき具合さえ表現できればよかったので、箱ひげ図やヒストグラムなどさまざまな選択肢がありましたが、リードタイムのばらつき具合をパッと見てわかりやすくするために現在の表現にしました。このあたりは一度見て満足するようなチャートであるため、取り組みが難しいと思われた方はヒストグラムなどの棒チャートを利用しましょう。

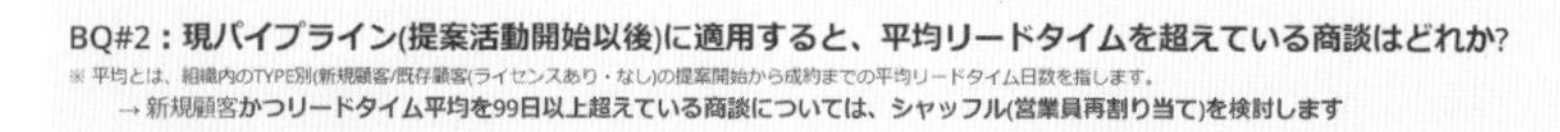

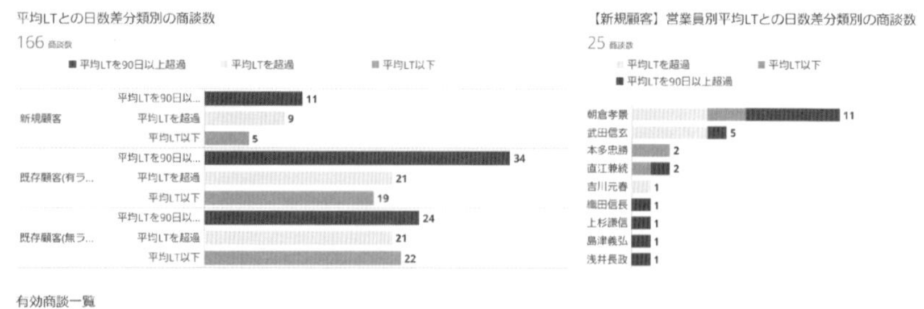

有効商談一覧

166 商談数

成約予定日	↓ 提案経過日	Stage	種別	次アクション予定日分類	次アクション予定日	次アクション	受注予定金額	営業員	商談名
2024-11-13	330	3:提案中	新規顧客	未入力			¥5,779,306	朝倉孝景	*************
2024-08-13	318	4:価値確認	既存顧客(有ライセンス)	未来14日以上	2024-08-19		¥78,020	本多忠勝	*************
2024-07-17	314	5:最終交渉	既存顧客(有ライセンス)	未入力			¥1,481,980	前田慶次	*************
2024-11-12	313	3:提案中	既存顧客(無ライセンス)	未入力			¥412,457	前田慶次	*************
2024-08-24	313	4:価値確認	既存顧客(有ライセンス)	未入力			¥1,275,944	前田慶次	*************

■ 図5-8　営業員活性化用ダッシュボード2

BQ#2では現状のパイプライン（提案活動中の商談）に適用した場合の平均リードタイムの上回り具合を商談の特性別や営業担当者別に表現しています。下部には有効な商談一覧を設けており、上部のチャートをクリックすると対象の商談がフィルタされます。

カントリーマネージャーと営業ディレクターとともにこの結果を見て、**「まず、新規顧客で平均リードタイムに対して90日以上超過した商談をシャッフル候補と決める。その候補で次アクションの内容が適切なら除外する」**と判断しました。ブレスト時点で**「現在有効な商談について、担当営業をシャッフル（再割り当て）する仕組みを作れないか？」**と思いついても、実際に結果を見るまでは具体的なイメージを描くことは難しいでしょう。そのため前述のような手順を踏んで調整を加えながら精度の高い仕組み作りを推進していくことになります。

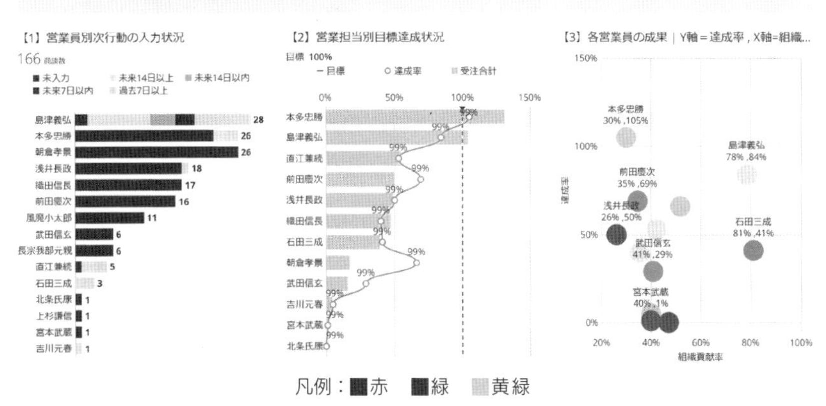

■ 図5-9　営業員活性化用ダッシュボード3

BQ#3ではシャッフル候補となった商談を誰に振り分けるべきか？ を検討するための領域になっています。

3ステップで決めていきます。左側のチャート【1】では現在担当している有効商談の件数と、次アクションの入力状況を確認します。緑色の要素（濃いグレー）が多いほどタイムリーに情報更新（特に次アクションの設定）できているといえます。次に中央のチャート【2】で現在の受注額と目標達成率を確認します。【1】、【2】の情報を統合したのが【3】のバブルチャートです。Y軸は目標達成率、X軸の組織貢献率とは、タイムリーな情報更新やチーム内への情報共有などをスコア化したものです。

このグラフをみると、**目標達成率が低いけれども組織貢献率が高い「石田三成さん」に商談を振るのがよいのではないか？ という目安を作ることができます**。「石田三成さん」に商談が割り振られるのをみて、目標達成率の低い他の営業担当がタイムリーに情報更新する動機となれば、営業ディレクターが各担当の状況把握にかかるコストも低減され、誰を助けるべきかの判断も効率化されるようになります。

ダッシュボード実装後、次図の**シャッフル候補一覧を毎週月曜日に全営業にメールを自動配信**する設定まで加えたところ、**1カ月後には「⑨SQO」と「⑩提案」の滞留がほぼゼロになるという成果を出すことができました。**

シャッ.フル候補一覧(新規顧客かつ成約平均LTを90日以上超過)

2023年12月14日 ～ 2024年6月17日、単位：日

18 商談数

成約予定日	提案経過日	Stage	種別	次アクション予定日分類	次アクション予定日	次アクション	受注予定金額	営業員	商談名
2024-02-14	295	4:価値確認	新規顧客	未入力			¥261,974	朝倉孝景	*************
2023-12-14	294	3:提案中	新規顧客	未入力			¥17,905,971	朝倉孝景	*************
2024-04-12	276	3:提案中	新規顧客	未入力			¥1,032,019	朝倉孝景	*************
2024-04-08	276	3:提案中	新規顧客	未入力			¥322,837	朝倉孝景	*************
2024-01-11	272	5:最終交渉	新規顧客	未入力			¥1,086,883	本多忠勝	*************
2024-02-13	241	3:提案中	新規顧客	未入力			¥1,903,614	武田信玄	*************
2024-05-01	195	3:提案中	新規顧客	未来14日以上	2024-01-21	価格調整/契約レビュー	¥4,500,794	吉川元春	*************
2024-01-30	185	4:価値確認	新規顧客	未入力			¥1,367,205	武田信玄	*************
2024-02-19	184	5:最終交渉	新規顧客	未入力			¥235,776	朝倉孝景	*************
2024-02-29	179	5:最終交渉	新規顧客	未入力			¥1,047,896	朝倉孝景	*************
2024-04-15	157	3:提案中	新規顧客	未入力			¥2,178,354	武田信玄	*************
2024-04-12	157	3:提案中	新規顧客	未入力			¥5,779,306	朝倉孝景	*************
2024-04-15	156	5:最終交渉	新規顧客	未入力			¥1,468,325	武田信玄	*************
2024-02-15	151	3:提案中	新規顧客	未入力			¥365,176	朝倉孝景	*************
2024-03-12	143	3:提案中	新規顧客	過去7日以上	2023-11-25	価格調整/契約レビュー	¥4,514,386	直江兼続	*************
2024-06-17	122	5:最終交渉	新規顧客	未入力			¥2,292,669	朝倉孝景	*************
2024-03-12	112	4:価値確認	新規顧客	過去7日以上	2023-11-04	法務レビュー	¥1,055,834	直江兼続	*************

■ **図5-10**　営業員活性化用ダッシュボード4

営業担当者の商談情報の更新については、「商談成立時のみ入力する」、「商談ステータスは更新するが金額は商談成立後にしか入力しない」といったレベルから、「商談フェーズごとに必要な情報を欠かさず更新する」レベルまで企業によってさまざまです。営業責任者による「アメとムチ作戦」や「評価制度につなげる」などの打ち手も考えられますが、この事例のように**データを使った仕組み化の強化も効果的な打ち手の一つとなるでしょう。**

5-4 設計ミッション3 ダッシュボードを組織に展開せよ

活動を開始して約半年が経過したころ、数地図の信号機印は次図のように⑨⑩は良化し、④は若干良化、②⑧は悪化という変化が見られました。

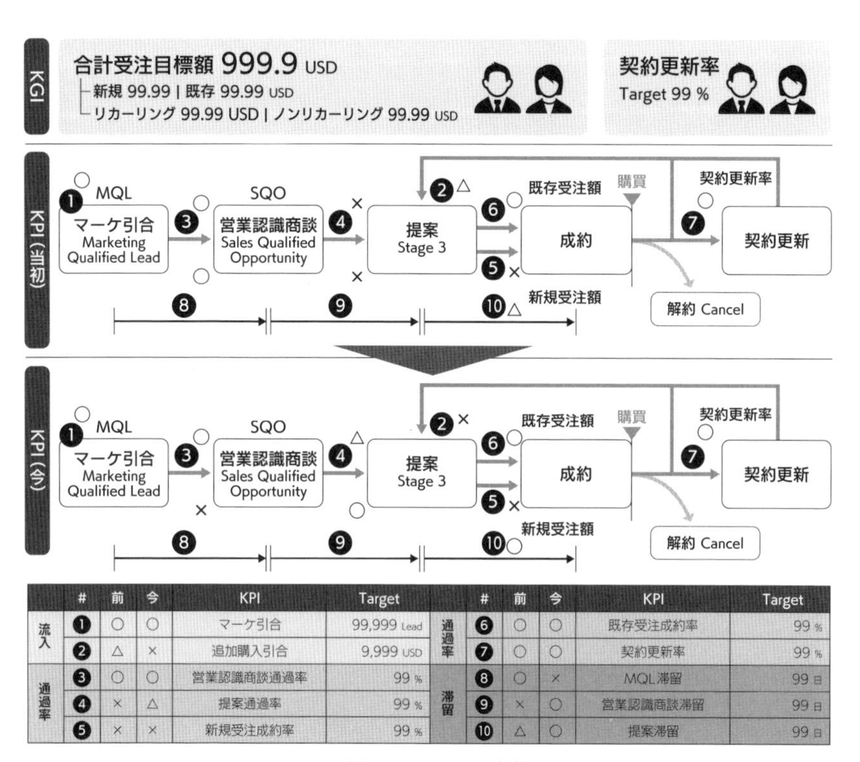

	#	前	今	KPI	Target		#	前	今	KPI	Target
流入	❶	○	○	マーケ引合	99,999 Lead	通過率	❻	○	○	既存受注成約率	99 %
	❷	△	×	追加購入引合	9,999 USD		❼	○	○	契約更新率	99 %
通過率	❸	○	○	営業認識商談通過率	99 %	滞留	❽	○	×	MQL滞留	99 日
	❹	×	△	提案通過率	99 %		❾	×	○	営業認識商談滞留	99 日
	❺	×	×	新規受注成約率	99 %		❿	△	○	提案滞留	99 日

■ 図5-11　KPIの変化

×印を見つけてはその解消のためのダッシュボードについて議論し、構築する流れができてくると業務品質が高まっていく雰囲気を体感できるようになるのですが、当然のことながらダッシュボードの数も増えていきます。そうなると「みんな使いこなせているのか？」、「本当に価値を生み出せているのか？」という疑問を持つようになり、運用に関する意識が高まります。

もちろん設計、構築と工程を進める過程でアラート通知や、メール配信は適宜行っていましたが、**ダッシュボード活用に対する温度差が出ている傾向がありました。**

カントリーマネージャーが活動開始時点で感じていた「担当業務へのフォーカスが強すぎるあまり、横の部署との連携意識が弱い」という問題意識は、どこまで解消できたのだろうかという疑問をプロジェクトメンバーに打ち明け、議論の末にたどり着いたのが2つの施策でした。

1. 全社員向け週報ダッシュボードの構築
2. 試験の実施

全社員向け週報ダッシュボード

組織内で週報を作成してメール配信している例をよく見かけますが、送信内容、対象者の選定、作成者の負荷などが曖昧なままだと、作業コストがかかっているわりには価値が低く、形骸化してしまっているケースが少なくありません。そうならないためには前章までにお伝えしてきたオーディエンスの定義、BQの検討などと進めていく必要があるのですが、すでに複数のダッシュボードが作られている中で、"全社員向け"に、"週報"として"メール配信"を行う前提でコンテンツを検討するとなると、少し工夫がいるところです。

組織規模が50-100名であり、営業、マーケティング、コンサルなどの職種別チーム数が5-10個ほどある状況、また前節までに紹介した通り組織全体のKGIを見るダッシュボードやチーム別のダッシュボードが複数あることも考慮にいれなければなりません。

ここでのアプローチは、次の3つの構成で設計することでした。

1. 共通トピック ……………… 売上および顧客に関する内容
2. 各部からのお知らせ ………… 各部から全社員への共有事項
3. 季節性のコンテンツ ……… 特定の期間のみ必要になる情報

特に重要なのは2.の領域です。会議の中でよかれと思って発言した一言が他部門の人の反感を買ってしまった経験や、他部門の人が部門横断会議で熱く語っている内容の意味がわからず、聞いている側としてぽかんとしてしまった経験はないでしょうか？ 他部門の置かれた状況を正しく認識していないと、思い違いを引き起こしたり、共有してもらった価値を見過ごしたりします。

これらの問題が起こらないようにするために各部門の代表者と話し合いを行い、チーム別のダッシュボードの中で全体に共有すべき価値のある情報は何か、を整理していきました。

例えば、「過去7日間で問い合わせが何件ありました」という情報は、概算数値としては重要ですが詳細を知りたいと思うものではありません。一方で、「直近7日以内に解決したケースの中、60日以上の期間を要したもの」という情報については、重要なバグの解決であることや、新機能によって解決する方法がわかる瞬間なので、多くの社員にとって有効な情報です。

そこで、週報の中では詳細情報の書き出しを載せたリストアップを行うことが有効になり、さらに詳細を知りたい人はそこからクリックしてチーム別ダッシュボードに導く導線を準備しました。2カ月ほどの改善を繰り返して週報ダッシュボードが完成し、毎週月曜日の朝8時にメール配信される運用がスタートしました。

試験の実施

「みんな使いこなせているのか？」という疑問を払しょくするためには、説明会の実施や実業務での活用を促すことが一般的な手段になりますが、次に考えられる手段として試験の実施があります。

試験となると問題の作成、採点などの作業負荷だけでなく、人事評価への影響や目的の明確化など受験する人に対するさまざまな配慮が必要になりますが、このプロジェクトの成果をダッシュボードの構築だけに終わらせず、運用定着化までできたことを担保するためには必要なアクションであると認識し、実施することになりました。

試験問題を作成している段階では、職種特有の業務用語を理解していないと解けない問題や、複数回のクリックが必要になる場合など、正答率が低下する可能性があることが予想されました。また、通常サポートとプレミアムサポートの詳細について、顧客に対応しない職種の人たちがどの程度の知識を持っている必要があるかについても議論がありました。

試験問題の作成者とレビュー者で議論を重ねて試行錯誤した結果、全10問、計3つのダッシュボードを対象とした30分間の全社員共通Web試験と、試験を受けてどうだったかを問うフィードバックアンケートを完成させることができました。

ほぼ全社員が参加したこの試験の結果は平均しておよそ90%の正答率となり、全社員はこのプロジェクトで構築したダッシュボードをおおよそ活用できている確認がとれました。また、**2回以上のクリックが必要になる問題の正答率は低く、試験を受ける過程での学習効果が高い**など、予想通りの内容になったもの以外に、次の問題から大切な学びを得ることができました。

一番正答率が低かった問題のサンプルがこちらです。

「半年以上コンサルサービスを利用していない顧客は何社ですか？」

これを判断するチャートには「コンサルサービス活用状況」というタイトルのもと、「利用中」「半年以上」「一年以上」「利用したことがない」という要素が並んでいます。

ここで解答に迷うケースは、「利用したことがない」は含まれるのかというものと、「半年以上」「一年以上」は何が半年以上なのか確信がもてないといったことです。

現実世界では、上司が部下に「半年以上コンサルのサービスを利用していない顧客は何社？」と尋ねる際に、「ただし、利用したことがない顧客も含むこと」とフィルタ条件を含めて聞かれることはないでしょう。ある程度の曖昧さは利用者自身が引き受けなければなりません。

また、実装する人は「半年以上（利用していない）」と要素ラベルにすると冗長なので「半年以上」としたのに、タイトルが「コンサルサービス活用状況」であるために利用者を迷わせていることに気づくことができません。どうするべきだったのか？ ということを関係者で議論し、次のようにまとめました。

1.質問する側の人は目的を含めて聞く

これによりフィルタ条件の定義などの細かな情報を付与する必要がなくなります。例えば、「新機能の一部がわかりづらいというケースが上がっていて、コンサル経由で補足できない顧客がどれだけいるか知りたいが、半年以上コンサルのサービスを利用していない顧客は何社？」とすると、「利用したことがない」も含める必要があることがわかります。

2. チャートの実装には可能な限り、説明文を入れる

一般的なBIツールは、チャート周辺に小さい文字で説明文を入れたり、カーソルを置くとツールチップで詳細説明を表示できるものが多いので、その領域に半年以上の日付項目の情報や、判断条件などを載せることで、利用者を迷わせない工夫ができます。

問題のあったチャートには説明文が追加され、全社員にフィードバックすることで、組織全体の学びとすることができました。

5-5 再構築プロジェクト終了後得られた成果

12カ月に及んだ再構築プロジェクトは、本章で取りあげたミッション以外の改善内容も含め、以下の成果を得ることができました。

1. 営業成果（特定年度の四半期における）20%増加
2. 商談を認識してから成約するまでの滞留改善
3. 獲得MQLの“量”から“質”への意識変容
4. 組織としてデータドリブンの理解の深化、行動の加速

プロジェクト終了時にカントリーマネージャーからは次のコメントをもらいました。

「共通言語、共通マップを持つことの価値は絶大。これにより、問題点を瞬時に把握し、改善アクションにつなげることがこれまで以上にやりやすくなった。マネジメント層がしっかりとブレストをした上でKGI、KPIを再考し合意に至ったことで当事者意識が高まり、またKPIの良化と悪化のトレードオフを肌で感じ、関係者で共通認識を持てるようになったことは大きい。加えて、試験をとり入れたことで、全社員を巻き込むことができ、真剣度が高まった実感がある。今回の活動により他部門への興味関心が高まり、データに基づいた自発的な部門間コミュニケーションが増えることを期待したい。」

5-6 章のまとめ

本章ではダッシュボード設計の事例について解説してきました。本書の設計技法を実践で活用するためのポイントを以下にまとめます。

オーディエンスの掌握範囲における全体像の作成を優先する

KGIや利用可能データを意識して数地図を作成していく過程では、関係者とともに議論を繰り返すことで心地よい粒度を探る。たとえ関係者が多い場合であってもメインターゲットがブレることのないように意識する。

課題箇所を明確にしたうえで関連ダッシュボードを構築する

数地図に基づいたダッシュボードが構築されることで目標進捗管理や課題箇所の明確化が可能になるため、その解決のための関連ダッシュボードの設計を始める。

成果を最大化させるための定着化について検討する

関連ダッシュボードが増えるにつれて利用者の状況認識レベルに濃淡が出てくるため、各ダッシュボードにつながる週報ダッシュボードの構築や、定着化の具合を判断するための試験の実施などを検討する。

次章では、どうやって設計者を育成するのかについて2社の取り組みを紹介したいと思います。

Chapter6

第6章

組織・人材育成
—組織内で効率よく育成するために—

本章では、人材育成に取り組んでいる企業の事例を紹介します。設計技法を習得した人材を増やすにはどうすればよいのでしょうか？また育成工程を効率化することはできるのでしょうか？ 株式会社島津製作所とロジスティード株式会社のワークショップの事例を元に、具体的に紹介します。

6-1 事例1 株式会社島津製作所 ―データ民主化とビジネスアナリスト育成―

企業紹介

会 社 名：株式会社 島津製作所
年商規模：5,119億円（2024年3月期）
事業内容：分析計測機器、医療機器、産業機器、航空機器の製造・販売 他

最初の成功者を作るまで

「BIツールを導入し、一通りのダッシュボードは作ることはできたものの、うまく使えている気がしない」

のちに株式会社島津製作所でビジネスアナリストのロールモデルとなった分析事業部の田口さんから相談が入ったのは2022年のことでした。世界的な半導体不足が進行する中で、サプライチェーンの可視化と業務効率化をめざし、品目別の状況評価指標を用いたダッシュボードを構築していましたが、同僚たちが継続的に利用するものにはなっていませんでした。

一方その頃、BIツールの組織展開を担当していた同社のDX戦略統括部の山川さんは、

「きれいなチャートを効率よく作れるBIツールのよさは理解しているが、本当に成果を出すためにはいわゆる『ビジネスアナリスト』のような人間が必要ではないか？ しかし、ビジネスアナリストとはいったい何なのかを具体的にイメージができない。」という認識を持っていました。

状況改善を相談された筆者は、田口さんに対して、設計技法を紹介し、設計シートを用いて2週間で3回ほどやり取りしました。BQについてはこの間で3回、推敲（書き直し）しています。オーディエンスや打ち手が異なるという理由でダッシュボードは2つに分割され、それぞれに3、4個のBQ

が並ぶラフスケッチができあがりました。この段階で実装が得意な関係会社（株式会社島津ビジネスシステムズ）に依頼し、レビュー調整、運用開始と工程を進め、結果的に相談を受けてから4週間でダッシュボードの再構築、実装が完了しました。

設計シートがあることでオーディエンスへの意識が高まり、BQ（問い）を突き詰めて考えられるので、実際の利用を想定した設計ができると実感した田口さんは、この**ダッシュボード再構築と業務見直しにより月間51時間の業務削減を実現し、その活動内容が評価されて全社の改善活動大会で大賞を獲得**しました。

その後も継続的に新領域のダッシュボード構築を推進するようになった**田口さんの設計シートのシナリオ構築シートには、複数列にびっしりとBQが並びます。**

田口さんとの活動を共同で推進した山川さんは、これこそが自分たちが求めているDX人材である、“ビジネスアナリスト（以下「BA」）”として、**BAを「事業におけるデータ活用のあり方を設計・運用し、業務プロセスを高度化する人財」と定義し、3年間で100人のBAを創出するビジョンを掲げることになりました。**

続々と生まれるビジネスアナリスト

田口さんが改善活動大会で大賞を獲れたのは、たまたま田口さんが優秀だったからなのか、再現性があるのか、どうすれば短期間で田口さんが経験した成功体験を得ることができるのか。そうした疑問に答えるためにトライアルを重ねてできあがったのが2日間の集中研修「BA研修」です。

BA研修の開催風景

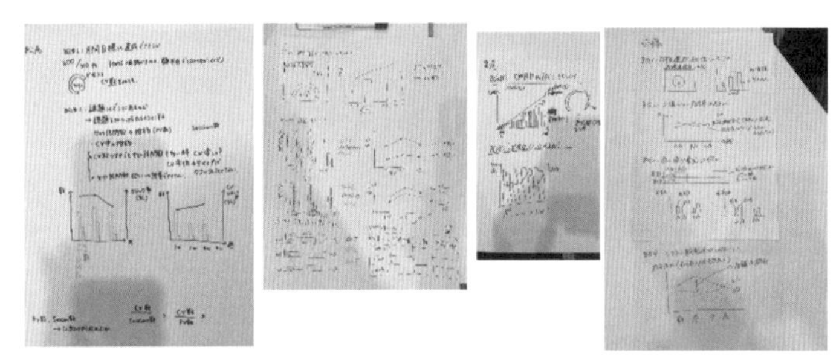

ラフスケッチ手書き演習

ケーススタディを通して設計理論を学ぶことで、受講者は設計シートを作成できるようになります。年に2度の定期開催とし、フォローアップすることで効率よくBA（ダッシュボード設計者）を育成できるようになりました。田口さんと同様、ダッシュボードを設計・運用し、組織内で活躍する人を育成することに成功しています。

ベンダー主催のツールに特化した研修でもなく、ビジネススキルを提供する会社のロジカルシンキング研修でもなく、ダッシュボードを設計することに特化した本研修は、参加者から

「オーディエンス定義とそれぞれの職責を意識することで、シナリオ構想・

ラフスケッチ・実装と進める中で、何が求められているのか、立ち戻りやすく、ぶれにくくなった。」

という声が集まるようになりました。その他次のようなコメントが寄せられました。

1. オーディエンス・職責・BQ・打ち手などの関係性整理は**ダッシュボード設計に限らずビジネスパーソンが理解すべき共通言語**である
2. 課題に対する打ち手という話はよく聞くが、オーディエンスの**職責まで意識するかしないかで雲泥の差が出る**と認識した
3. BQを"問う"、この問い方が難しいが最も重要だ。ここを間違うとすべて間違う。この段階でオーディエンスに確認を取れれば、**ダッシュボード構築は標準化できる**と感じた

一方でビジネスアナリストの大量育成にあたっては、次表のような課題もあります。

課題内容	詳細
ダッシュボード化するテーマの選定	選定したテーマによって実現難易度が異なる。初回で高難易度に遭遇すると成功体験を得にくい
BA認定方法	何をもって認定するのかを定義しづらい
フォローアップの程度	設計シートに記載している内容の精度を高めるための助言をどこまで支援するか判断が難しい
上長の理解	上長自身もビジネスアナリストに関する知識・経験を必要としている場合が多く、研修参加の判断がしづらい

効率化される育成プログラム

BA育成の課題に向き合い、さらなる育成効率化を推進するために山川さんが推進しているのが、育成プロセス効率化、コミュニティ創設、上長の理解促進です。

育成プロセスの効率化

定期開催する2日間のBA研修を有効な時間にするために、研修前後に分けて効率化を進めています。研修前にできる効率化施策としては、日頃から筋のよいトピックについてアンテナを張っておくことや、案件創出ワークショップの実施、体験者の声、成果事例を集めたプロモーション動画の整備、データ活用に興味のある管理職層への働きかけなどがあります。

研修後の効率化では、研修後ワークの設置やフォローアッププロセスの構築、事例共有の場の準備などがあります。ビジネスアナリストになるには座学では不十分なため、フォローアップが不可欠です。ただし、フォローアップのためのリソースは限られているため、この部分の仕組み化が一番の難所でした。

また、育成結果をどう評価するか、何をもってBAと認定するのかという論点については、研修後ワークとして「身の回りの業務でダッシュボード構築によって成果が出そうな内容を設計シートにまとめる」という課題を、一定以上の品質でまとめられるか、その設計シートをさらにダッシュボード構築まで完遂できたか、という2段階を暫定的な認定手法としました。

コミュニティの創設

BAとしてのノウハウは、経験を重ねるたびに練磨されます。また組織の構造変化や利用できるデータの増加、法改正、ツールの機能追加などの変化に伴い、その時代に応じたトレンドが出てくるものです。

一度獲得したBAとしてのスキルを継続的に向上させていく仕組みの構築を目的として、「BAサロン（社内コミュニティ）」を創立し、年間2回ほど経験者がノウハウをシェアする場を確立しました。

上長の理解促進

BAの育成が進むにつれて大きくなるのが、上長をどのように巻き込むべきか、というテーマです。上長を巻き込んでレビューをする（3-9を参照）ことを考えると、レビューする側の上司も部下と共通言語を持つ必要があります。ダッシュボードを活用していくうえではどのような内容をダッシュボードにするかという案件の選定から上長を巻き込むことも欠かせません。

多忙な管理職層が2日間の研修時間を確保することは難しいので、半日程度で終わる「案件創出ワークショップ」への参加を促すことや管理職向けの関連動画を準備することで理解の促進を進めました。

関係者のコメント

ここまでのダッシュボード構築の経験を通し、田口さんと山川さんから次のようなコメントをもらいました。

田口さんから

私たちのようにサプライチェーンを管理する担当者は、関係する者が多く、業務も細分化されているため、多くの人が使うことのできるダッシュボードを構築できないかと思いがちです。

オーディエンス定義を厳密に行い、同じ部署でも担当によってBQも違えば次アクションも異なるということが理解できると、**ダッシュボードを分割する意味が理解できる**ようになりました。

この理解こそが、結果的に多くの人に使ってもらえるダッシュボードになった秘訣と思っています。今では、日次レポートや業績推移、毎週金曜の定例用のダッシュボードなどさまざまなところで今回の設計技法が活かされています。

「BQ」という概念は聞きなれないものでしたが、非常に奥が深く、各業務の意味や組織の役割を再考させてくれます。設計シートを使ってBQを何度も推敲する作業は、苦しくもありますが、業務自体を前進させる期待も感じられる充実した時間でした。

ダッシュボード実装は得意な人に任せたいと思っている私たちにとって、周囲のメンバーや実装担当者が「BQ」や「オーディエンス」などの共通言語を正しく理解していることはとても重要です。組織内にこの共通言語が浸透し、設計シートが使われるようになると業務改善効率は一気に向上するものだと思っています。

山川さんから

「ツールを導入した効果はあったのか？」「人財育成は進んでいるのか？」という経営層からの問いかけは、今や多くのDX部門が対峙しているテーマだと思います。

私たちは今でもこのテーマに対してさまざまな試行錯誤を続けているわけですが、データ活用、データ民主化という領域において、“問い”を意識した設計という方法論と設計シートに出会ったことで、そしてこのアプローチを採用した田口が目覚ましい成果を上げるのを目の当たりにしたことで、私たちの進むべき道が見えたと直感しました。

製造業としての私たちのDNAには、プロトタイプの構築や評価、標準化というプロセスが根付いていますが、この設計手法にも似たプロセスがあるように感じます。それが現在、社員に受け入れられ、顕著な成果をもたらしている理由かもしれません。

生成AIをはじめとしたテクノロジーの進化が著しい昨今、私たちがクリエイティブを発揮する場面の一つが手書きの「ラフスケッチ」であると思います。私自身もBQに答えるラフスケッチを何度も描いているうちに、何か本質的なことに気づかされる心地がしました。

とくに「数地図」のテクニックについてはダッシュボード品質向上のための要だと考えています。

私たちはまだ道半ばですが、この設計技法を多くの社員が学び、組織として経験を蓄積することが当社のDXを加速させるものだと考えています。これからも育成プロセスの効率化を続け、深化させていくつもりです。

6-2 事例2 ロジスティード株式会社 ―チーム構成で考える設計の効率化―

企業紹介

会 社 名：ロジスティード株式会社
年商規模：8,002億4,300万円（2024年3月期）
事業内容：国内・国際物流、コンサルティング 他

「ヒアリングスキルを高めたい」という声の背景

物流業界はドライバー不足や燃料費の高騰、厳格化する環境規制への適応という複数の課題に直面しています。その中でDXは業界の持続可能性を確保する不可欠な解決策として注目されていますが、必要なスキルを持つ人材を採用・育成することは容易ではありません。

ロジスティード株式会社は、IT経験の少ない人材を経験者採用し、OJTなどによってITスキルを向上させ、高度DX人材として活躍してもらうプロセスを磨き上げています。そのような中、ある程度の経験を積んだ社員から「もっとヒアリングスキルを高められないか？」という要望が出てきました。

中途入社でIT関連業務を中心に遂行しているため、物流に関する経験知識が乏しく、**効率よく関係者の要望を整理したいという思いが高まっていた**のです。要件をうまくヒアリングできていないことが理由で、実装したダッシュボードが使われないのではないか？ とも感じていたようです。

この中途入社社員からのもっと学びたいという想いを受け止めるべく、筆者は営業統括本部DX戦略本部SCイノベーション部の半澤さんとともに人材育成効率化活動をスタートさせました。

まず始めたことは、ある程度経験を積んだ中途入社社員に対する設計技法のスキルトランスファーです。実際のヒアリング現場で設計技法を試すと、その効果はすぐに感じられました。

例えば「田中さん」という具体的なユーザー名を相手から聞き出し、会話の中で使用することで、現場担当者の説明がよりリアルになり、「田中さん」が一日にどのくらいパソコンを使用するか、作業の集中は朝か帰り際か、どのような状況になると次アクションがどうなるのかなど、フローチャートを思い浮かべながらヒアリングを進めることができるようになったのです。

3カ月が経過した頃には、現場のニーズに合った3つのダッシュボードの構築が成功し、その後も継続的に使用されるようになりました。

混合チームで臨む育成の効率化

ヒアリングスキルの向上が可能なことがわかった半澤さんは、次に育成効率化を試みます。その内容は、**中途採用した若手IT人材と経験豊かなベテラン営業員を組み合わせた混合チームに、設計技法を含む研修プログラムを受講させる**というものです。このアプローチにより、若手IT人材が業務知識の不足を補い、ベテラン営業員がデジタルスキルを強化するという相互補完的な環境が生まれました。これはまさに化学反応を生む機会の提供です。

研修初日の冒頭には営業統括本部DX戦略本部担当本部長の今野さんから「ツールは進化していくが、それを使いこなす人が力をつけなければ意味がない。**金棒（高機能なツール）**に振り回されるのではなく、使いこなせる**鬼**になろう」という号令がかかりました。

研修風景1

「鬼と金棒」というユニークなコンセプトに刺激された3つの混合チームは、3カ月間の活動を通じて自社の営業進捗管理ダッシュボードを設計、構築しました。1チーム5人でホワイトボードにラフスケッチをまとめていく作業は、想定通りベテラン営業員が営業プロセスと進捗管理の知識を若手ITメンバーに教える場となり、データの有無やチャートの準備などの実装に関する疑問点は若手ITメンバーがベテラン営業員に教える構図となりました。

最終工程では役員、部長、外部専門家に対するプレゼンテーションを実施して、彼らからのフィードバックを通じ、**チームの熟慮の結果が経営層の視点でどう映るかを検証する貴重な機会となりました。**

研修風景2 最終工程での役員・部長・外部専門家に対するプレゼンテーション

この経験から得た洞察は、次の設計工程における重要な考慮ポイントを明らかにし、参加者のモチベーション向上に寄与しました。設計技法を単なる知識としてではなく、実践的な適用と評価の機会を提供することの重要性が浮き彫りになりました。

混合チームで推進したことによる想定を超えた効果は、営業ステータスの管理や用語定義、システムとデータの関係性、進捗報告の内容などについて、**現状のやり方と課題の共通理解を深められた**ことです。これらは多少曖昧なままでも業務を進めることができますが、曖昧さを解消しないとコミュニケーションロスが大きくなり、構築したダッシュボードも品質が低いと判断される可能性が高まります。困りごとの共通認識を持てたことで、改善に向けた方向性も共有できるようになりました。

参加者からのコメントは次の通りです。

1. （設計の）アプローチ方法が、営業の進め方とよく似ていた。課題やアウトプットを意識したアクションは提案活動と同様だが、職責まで考

慮した検討は気づかなかった点であり、衝撃を受けた。(ベテラン営業員)

2. どのような人に、何のために、どういうアクションへつなげるためにチャートが必要なのかわかっているつもりだったが、チャートを作る段階になると忘れがちであることに気づいた。(若手ITメンバー)

関係者のコメント

ここまでの経験を通して半澤さんから以下のコメントをもらいました。

半澤さんから

データ活用が進んでいない物流業界でも、DX研修を望む社員はたくさんいますが、研修の成果を現場で活かせないとせっかくの学びも意味がありません。ダッシュボードの構築は学んだことを現場で活かせる取り組みやすいテーマだと感じています。

ただ、ツールの習得研修は技術の進化が早い昨今、せっかく覚えても知識が陳腐化してしまうリスクを考える必要があります。一方で知識系、思考系の研修コンテンツは成果を実感しにくいという問題があります。自分たちに見合った研修コンテンツを探すのは骨の折れる作業だと感じていました。

そのような中でこの設計技法に出会い、中途入社の社員がスキルを習得し、現場で成長していく姿を見て、これは多くの社員に広めるべきと感じました。当社には倉庫や営業所などの現場で活躍している社員がたくさんいますが、彼らも巻き込むことで設計の基礎的な共通言語を浸透させたいとの思いから考えついたのが混合チームによるプログラム化でした。

多忙な社員が研修プログラムに参加するには、さまざまな社内調整が必要になり、人事評価との連動なども考えていかなくてはなりません。問題山積ですが、人材育成への投資は未来への投資であると信じ、これからも邁進したいと考えています。

6-3 章のまとめ

本章ではダッシュボード設計者の育成について各社の事例を紹介してきました。ダッシュボード設計者を組織内に増やしていくには、一人目の成功体験と、育成のプログラム化が欠かせません。各社の取り組みについて要点をまとめます。

株式会社 島津製作所

製造業の組織特性を活かしてプロトタイプ（一人目の成功体験評価）、量産化（研修プログラム化）、継続改善（コミュニティの創設、上長の理解促進）を着実に推進。設計シートの品質基準や認定制度の検討など、周辺要素をトライアルを重ねてプログラムを強化していく。

ロジスティード株式会社

若手IT人材と経験豊かなベテラン営業員を組み合わせたチーム構成で研修プログラムに臨み、スキル・知識の相互補完を実現する。活動結果を役員や外部専門家に対してプレゼンし、彼らからのフィードバックを受けることで、チームの熟慮の結果が経営層の視点でどう映るかを検証する機会を設ける。

設計手法を理解した社員の数が増えることで、組織内の共通言語が形成され、コミュニケーション円滑化が進みます。すでに何らかの設計共通言語が浸透している場合は、本書の技法との差分を認識し、取り込んでもらえればと考えます。

appendix

付 録
ダッシュボードの推奨デザイン

目標達成の進捗を確認し、課題領域を特定するためのダッシュボードデザインを紹介します。管理職層や経営層向けに、実績と目標の差異や到達度を視覚的に分かりやすく表現する効果的なデザインパターンを提示し、各セグメントごとの課題を明確にするためのチャート選択肢やレイアウトの工夫についても解説します。

1. 目標達成の進捗を確認するパターン集
2. 課題領域を特定するパターン集

付-1 目標達成の進捗を確認するパターン集

「目標達成できそうか?」というBQは、“使われ続ける”ダッシュボードを設計する人のほとんどが遭遇するものです。このBQに対する考え方とデザインテンプレートを紹介します。

目標値と実績値を統合・比較して到達度を表現する前提として、目標データは実績データよりも粒度が粗い(目標データは月別×部署別だが、実績データは日々の業務トランザクション単位)ことに留意してください。

目標値が定義されていない場合

目標値が定義されていない場合、**前年値を目標値に置き換えて到達度を表現**することで、オーディエンスにとって利用価値のあるダッシュボードとなります。

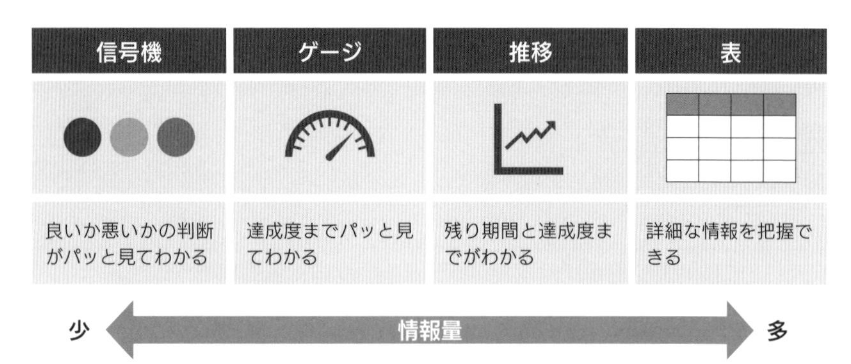

■ 図付-1 目標進捗確認のためのチャート選択肢

情報量が多いほど認識コストがかかるため、オーディエンスにとって心地よい粒度はどこかを探ることが重要です。経営層が現場の状況を知りたい場合は「信号機」表現を配置することで情報量を落とすことが推奨されます。

管理職層の場合は「信号機」表現では不十分で、推移チャートや表が必須となります。

推移チャートの選択肢

目標達成までの残り期間と現在の到達度を理解できる推移チャートには、状況に応じた表現方法のバリエーションがあります。

次図はよく使われるパターンです。

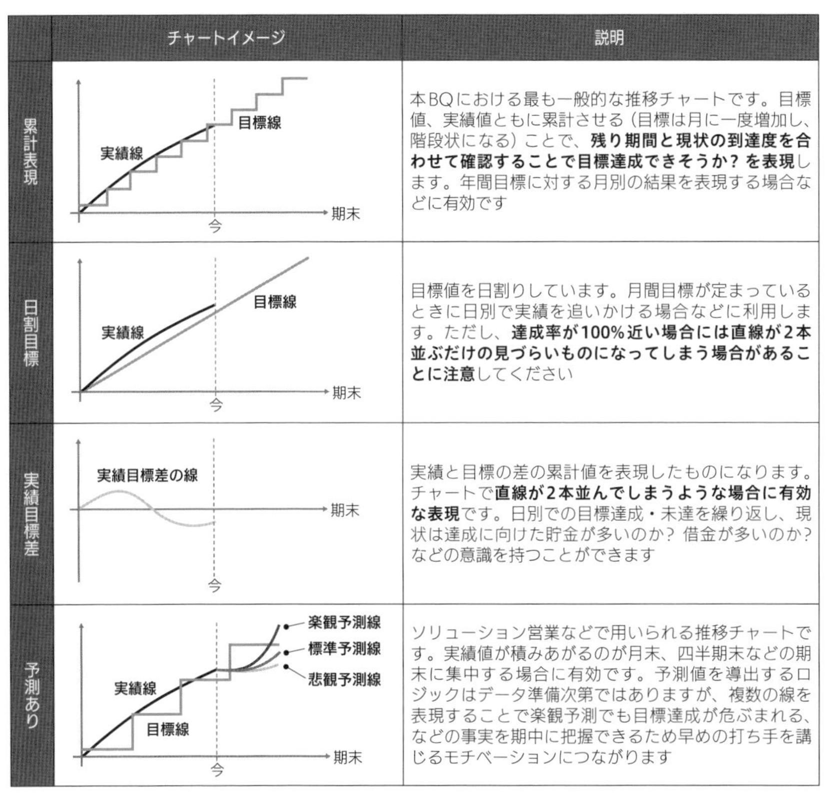

	チャートイメージ	説明
累計表現	目標線 / 実績線 / 今 / 期末	本BQにおける最も一般的な推移チャートです。目標値、実績値ともに累計させる（目標は月に一度増加し、階段状になる）ことで、**残り期間と現状の到達度を合わせて確認することで目標達成できそうか？を表現**します。年間目標に対する月別の結果を表現する場合などに有効です
日割目標	目標線 / 実績線 / 今 / 期末	目標値を日割りしています。月間目標が定まっているときに日別で実績を追いかける場合などに利用します。ただし、**達成率が100%近い場合には直線が2本並ぶだけの見づらいものになってしまう場合があることに注意**してください
実績目標差	実績目標差の線 / 期末 / 今	実績と目標の差の累計値を表現したものになります。チャートで**直線が2本並んでしまうような場合に有効な表現**です。日別での目標達成・未達を繰り返し、現状は達成に向けた貯金が多いのか？借金が多いのか？などの意識を持つことができます
予測あり	楽観予測線 / 標準予測線 / 悲観予測線 / 実績線 / 目標線 / 今 / 期末	ソリューション営業などで用いられる推移チャートです。実績値が積みあがるのが月末、四半期末などの期末に集中する場合に有効です。予測値を導出するロジックはデータ準備次第ではありますが、複数の線を表現することで楽観予測でも目標達成が危ぶまれる、などの事実を期中に把握できるため早めの打ち手を講じるモチベーションにつながります

■ **図付-2**　推移チャートの表現パターン

推奨デザインパターン

「目標達成の進捗」をとらえるお勧めのデザインを3パターン紹介します。伝わりやすさを重視したシンプルでノイズのないデザインです。

デザインパターン1-1：業績が安定しているパターン

主に管理職層向けで、業績が安定している状況では、目標と実績の差を際立たせ、目標の日割り換算の概念を含めたり、拡張した期間の情報を含む表形式を配置します。

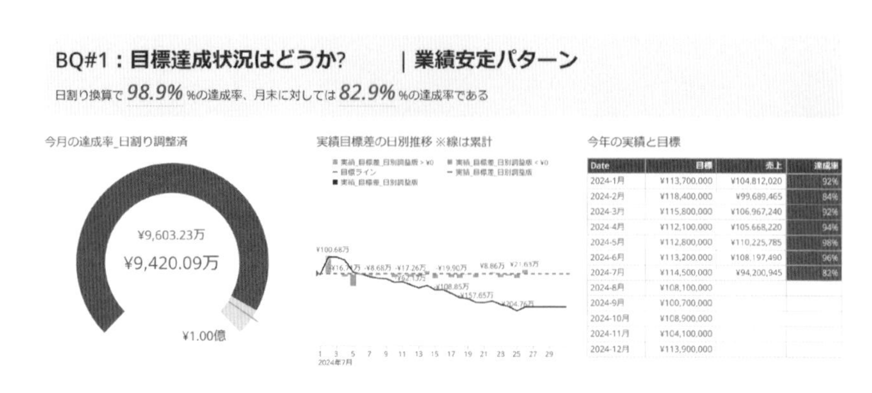

Date	目標	売上	達成率
2024-1月	¥113,700,000	¥104,812,020	92%
2024-2月	¥118,400,000	¥99,689,465	84%
2024-3月	¥115,800,000	¥106,967,240	92%
2024-4月	¥112,100,000	¥105,668,220	94%
2024-5月	¥112,800,000	¥110,225,785	98%
2024-6月	¥113,200,000	¥108,197,490	96%
2024-7月	¥114,500,000	¥94,200,945	82%
2024-8月	¥108,100,000		
2024-9月	¥100,700,000		
2024-10月	¥108,900,000		
2024-11月	¥104,100,000		
2024-12月	¥113,900,000		

■ **図付-3**　業績が安定している表現パターン

月間の目標値を日割りする際には、営業日数や土日などの配慮が必要ですが、業績が安定している場合は、日別の目標達成を**精緻に設定しても打ち手の変化が少ない**ので、運用を始めてから検討してもよいと考えます。

デザインパターン1-2：実績が期末に集中するパターン

四半期単位で目標を追いかける場合、現状の達成率と将来の着地見込みがシンプルに表現されることを優先します。左のチャートが現時点の達成度、中央が推移チャート、右が内訳のチャートとなり、自然な視線の移動で達成度が把握されます。

目標達成に対する組織内での「楽観、悲観シナリオ」についても、到達までの工程に係数をかけてみるなどの簡易な算出でも十分に機能します。

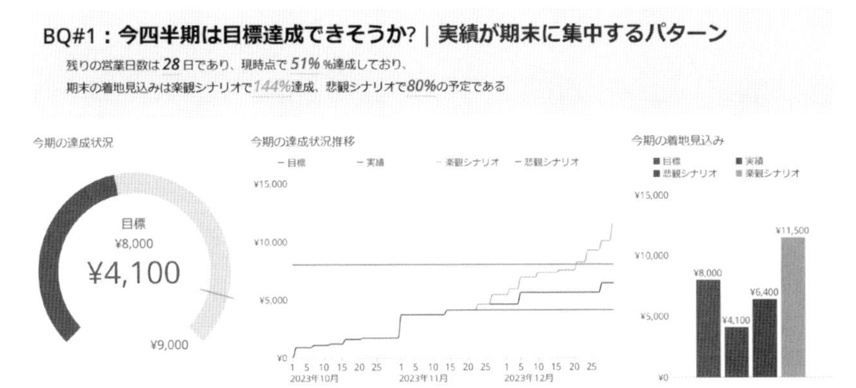

■ **図付-4** 実績が期末に集中する場合の表現パターン

目標達成の進捗が、上図のように表現されることで、**「前四半期に比べここまで達成しているので、今期は余裕がある（ない）」という感覚を組織で共有**することができます。

このようなデザインを取り入れた筆者の顧客からは「進捗会議の雰囲気が劇的に変わった」というコメントをもらっています。

デザインパターン1-3：経営層向けに情報量を抑えるパターン

経営層向けには「信号機」表現を活用して、情報量を抑え注目させたい部分にメリハリを持たせることで高評価が得られます。情報量を抑えることで、ダッシュボード上にスペースの余裕が生まれるため、「BQ＃2（どこがダメ？）」を取り入れた「達成の進捗」との連動した表現も可能になります。

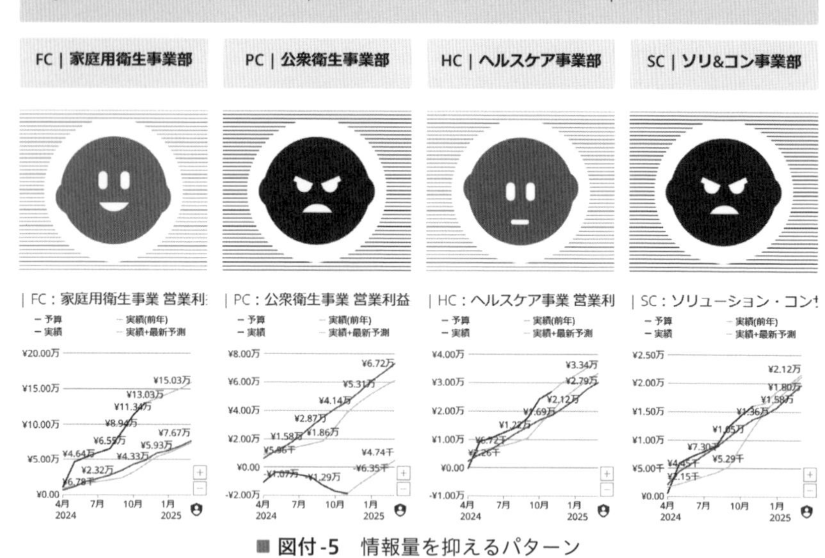

■ 図付-5　情報量を抑えるパターン

こうしたデザインを採用した筆者の顧客からは「他のダッシュボードもこのデザインに変更したい」との依頼が増え、「信号機」表現への高評価に嬉しく思いました。

付-2 課題領域を特定するパターン集

「達成が危ぶまれるセグメントはどこか?」「どこがダメか?」を問うのがBQ#2です。組織や商品のセグメントには目標データを使いますが、ない場合は前年データ利用を利用することで代替できます。「どこがダメか？」の把握は改善点が明瞭になるためダッシュボードで重要な役割を担います。

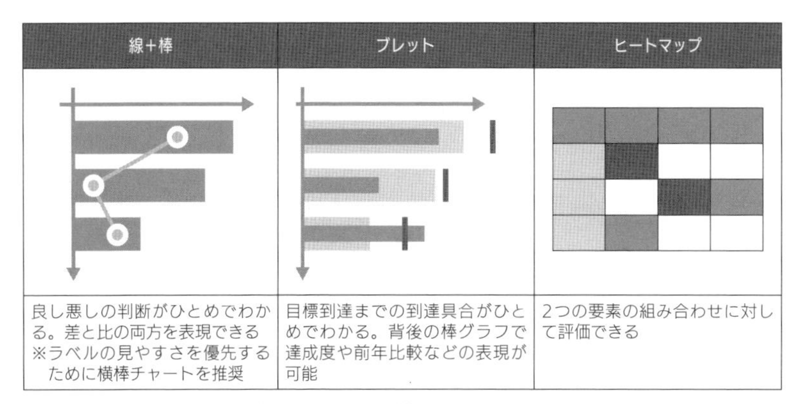

■ 図付-6　課題領域特定のためのチャート候補

問題のあるセグメントを特定するためにはセグメントを並べることになるわけですが、「前年の情報を含めるか」「2つの要素（セグメント）の組み合わせ評価に価値があるか」などを判断軸とし、利用するチャートを選択します。

さらに、ダッシュボード上に複数のチャートをレイアウトするときには、次のポイントも意識します。

1. アクション単位（責任部署単位）と階層化
2. 多軸表現は同じ見せ方
3. 時間軸の要素について検討
4. 差異・比率表現の選択
5. 単位調整やセグメント組み合わせの検討

1.アクション単位（責任部署単位）と階層化

「どこがダメか」というデータを保持していても「100の製品カテゴリが目標未達」などの表現では、実際のアクションがイメージしづらいものになってしまいます。100個の製品カテゴリに対して例えば5人の担当者が分担している場合は、アクションを起こす人の単位に合わせて表現するべきです。

次図は直近6カ月の売上をエリア全体と各エリアに階層化して表したものです。全店舗の管理者にとっては左側の表現が好まれるかもしれませんが、エリアマネージャーに指示すること（アクション）を前提とした場合など、右側のように階層化されているデザインが好まれます。

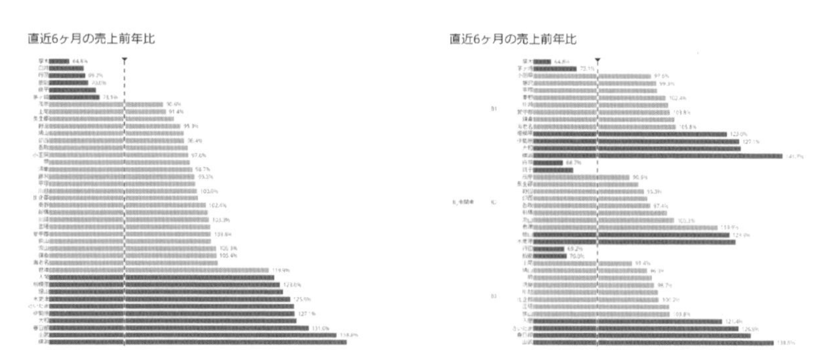

■ 図付-7　アクション単位表現の変更（階層化）

2. 多軸表現は同じ見せ方

「どこがダメか」を多面的（部署別、製品分類別、顧客分類別など）に見たいという要望は頻出します。その際には、オーディエンスに効率よく認識してもらうために同一の表現が効果的です。（デザインパターン2-1参照）

3. 時間軸の要素について検討

「どこがダメか」について、時間軸の概念は忘れがちです。たまたま一日だけよくないことはあり得るので、そのような事実の有無を確認できるように、推移チャートを近くに配置するべきかを検討してください。（デザインパターン2-2参照）

4. 差異・比率表現の選択

目標達成状況を差で表現するか、比率で表現するかはダッシュボード設計を悩ませる問題です。規模感が近い数値の違いは比率表現が、そうでない場合は差異表現が好まれるという傾向がありますが、オーディエンスへの伝わりやすさ、見慣れ具合などを確認して判断します。デザインパターン2-1のように両方使って表現してもよいでしょう。

5. 単位調整やセグメント組み合わせの検討

自社内で使われる単位換算の活用も検討の余地があります。複数店舗を受け持つエリアマネージャーの達成率を1店舗あたりに換算することや営業時間の異なる店舗の売上を営業時間あたりに換算することで比較が明瞭となり、BQとしても利用することもできます。

部署、製品カテゴリ、顧客分類などのセグメントを組み合わせることも検討すべきです。社内でよく使われるセグメントの組み合わせを試していくと「どこがダメ」かが浮かび上がることもあります。（デザインパターン2-3参照）

推奨デザインパターン

課題を見つけていく際に使われるデザインを紹介します。

デザインパターン2-1：多軸で目標管理している場合の課題の表現パターン

地域別や支店別などの「場所軸」、産業・業種別や業界別、企業規模別などの「顧客軸」、自社製品の機種分類別などの「商品軸」などさまざまな軸で目標管理がされている場合は、次図のように見せ方を統一して課題のあるセグメントをわかりやすく表現することを推奨します。

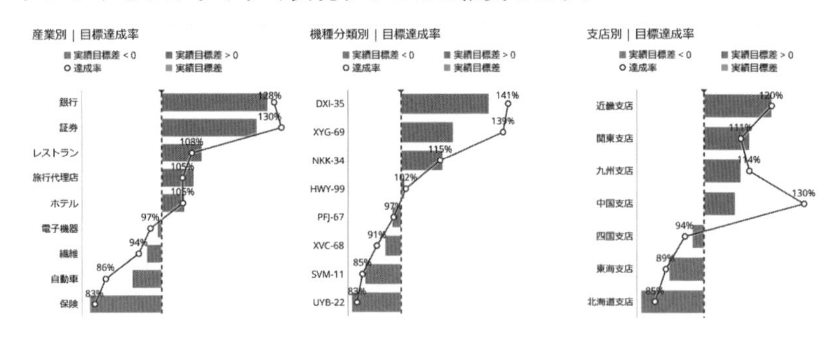

■ **図付-8**　多軸で目標管理している場合の課題の表現パターン

目標達成と前年対比を多軸で表した「ブレットチャート」が次図です。

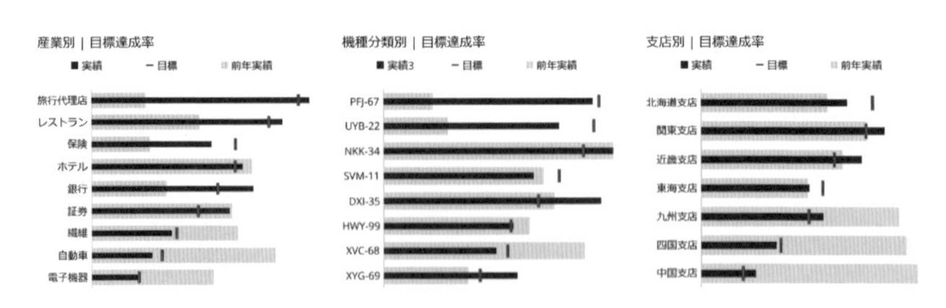

■ **図付-9**　多軸で目標と前年実績を表現したブレットチャート

「ブレットチャート」は目標達成への意識を高める効果があるといわれています。課題のとらえ方やオーディエンスの受け取り方に応じてデザインしてください。

デザインパターン2-2：推移チャートを近くに配置するパターン

ある特定期間の影響により目標未達になった可能性を検証するニーズがある場合、以下のように推移チャートを近くに配置するのが効果的です。

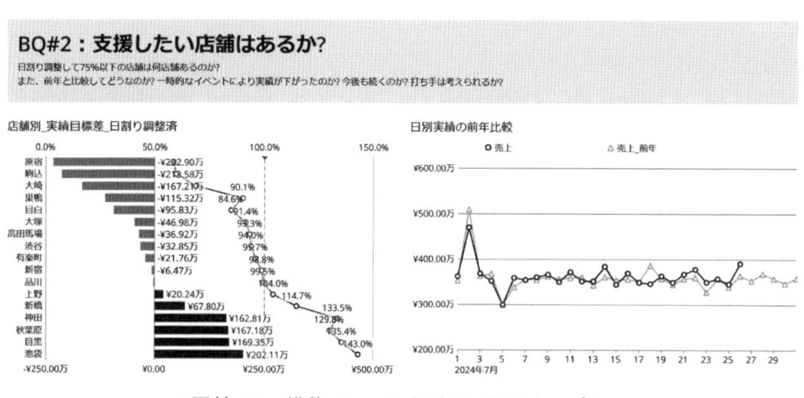

■ 図付-10　推移チャートを近くに配置するパターン

こうしたデザインで、特定期間の出来事が想定外の数値につながったのか、あまり影響を与えなかったのか確認できます。前年比較のニーズにも容易に応えられます。クリック操作によって未達店舗にフィルタをかけながら推移を確認する設定なども可能なので、オーディエンスの操作習熟度が高い場合、高評価を得られるでしょう。

デザインパターン2-3：セグメントの組み合わせパターン

複数の分析軸（拠点別、部署別、顧客分類別など）があって、それらの組み合わせから課題を探りたいという場合には、ヒートマップを複数配置するのが有効です。

BQ#2：どのセグメントに課題があるのか?

拠点 × 事業部| 目標達成率

113% 目標達成率

	東京	大阪	名古屋	仙台	中国
FC：家庭用衛生事業	104%	158%	159%	157%	108%
HC：ヘルスケア事業	106%	106%	112%	109%	229%
PC：公共環境衛生事業	75%	76%	77%	110%	109%
SC：ソリューション・コンサル事業	105%	104%	114%	107%	102%

拠点 × 顧客分類 | 目標達成率

113% 目標達成率

	東京	大阪	名古屋	仙台	中国
小売・流通	96%	122%	121%	134%	121%
旅行・観光	91%	132%	132%	142%	116%
公共・金融	103%	120%	131%	122%	104%
サービス・エンタメ	91%	89%	95%	107%	155%

事業部 × 顧客分類 | 目標達成率

113% 目標達成率

	小売・流通	旅行・観光	公共・金融	サービス・…
FC：家庭用衛生事業	129%	134%	133%	
PC：公共環境衛生事業	86%	85%		87%
HC：ヘルスケア事業	130%			132%
SC：ソリューション・コンサル事業			106%	

■ 図付-11　セグメントの組み合わせパターン

複数の分析軸による、多様な組み合わせパターンが想定されますが、オーディエンスの視点に立ち、責任部署単位や打ち手につながるものを絞り込んでいきましょう。

おわりに

「ITプロジェクトについて事前にもっと学んでおきたかった」

私は社会人になってからの10年間、基幹システムの導入とBPRに従事してきました。億単位の費用がかかるITプロジェクトは、1年以上にわたり、多くの社員が関与する社内の注目案件です。しかし、納期厳守のプレッシャーの中では、プロジェクトを完了させること自体が目的となり、データ活用の検討は後回しにされがちです。そしてプロジェクトが終わり、ITプロジェクトの費用対効果を問われたとき、プロジェクトに全力を注いだ人たちが答えに窮する中で出てくるのが冒頭の言葉です。

ITプロジェクトの失敗原因は「要件定義の不足」と言われています。要件定義や設計などの上流工程品質は、ITプロジェクトの成功を決める大事な要素です。しかし、これを鍛える場を作るのは簡単なことではありません。そのため、要件定義を実践的に学び、鍛えるための具体的な施策が求められています。

ダッシュボードの構築は、ITプロジェクトを学ぶ絶好の機会です。視覚的でわかりやすいゴールが設定でき、2～3カ月で完成を見込めるうえ、データ更新が不要なため、ITに精通した人の手を煩わせることなく進められるのが魅力です。さらに、業務効率向上のための外注や保守に関する知見も得られるなど、多くのメリットがあります。

統計学がわからなくても、見栄えのよいビジュアルチャートを選べなくても、「使われ続けるダッシュボード」を作ることは可能です。「使われ続けるダッシュボード」は業務プロセスに組み込まれ、ITプロジェクトの不足を補い、業務を高度化･効率化へと導きます。ただし、「使われ続ける」ためには本書でお伝えした通り、設計が重要です。

労働人口の大幅な減少が予測されるわが国の企業にとって、社内業務の高度化・効率化は避けて通れない喫緊の課題です。本書を通じて多くのビジネスパーソンがダッシュボード設計を学び、日々の業務を改善するとともに、数年に一度のITプロジェクトを後悔のないものにしていただければ、著者としてこれ以上の喜びはありません。

最後に、この本の作成に関わった人に謝意をお伝えしたいと思います。

本書の執筆に導いてくれた田口慶二さん、事例の公開に協力いただいたドーモ株式会社の川崎友和さん、株式会社島津製作所の山川大幾さん、田口公史さん、丸山和也さん、ロジスティード株式会社の半澤康弘さん、今野勉さん、執筆期間中にさまざまな協力を頂いた酒井閑香さん、編集者の京部康男さん、翔泳社の押久保剛さん、そして休日の時間を
執筆にあてることに協力してくれた家族に、この場を借りて感謝申し上げます。

ありがとうございました。

令和6年9月
八木 幹雄

読者特典データのご案内

本書の読者特典（SHOEISHA iD会員特典）は、以下のサイトからダウンロードして入手いただけます。

https://www.shoeisha.co.jp/book/present/9784798185781

※会員特典データのファイルは圧縮されています。ダウンロードしたファイルをダブルクリックすると、ファイルが解凍され、利用いただけます。

● 注意

※会員特典データのダウンロードには、SHOEISHA iD（翔泳社が運営する無料の会員制度）への会員登録が必要です。詳しくは、Webサイトをご覧ください。

※会員特典データに関する権利は著者および株式会社翔泳社が所有しています。許可なく配布したり、Webサイトに転載することはできません。

※会員特典データの提供は予告なく終了することがあります。あらかじめご了承ください。

● 免責事項

※会員特典データの記載内容は、2024年10月現在の法令等に基づいています。

※会員特典データに記載されたURL等は予告なく変更される場合があります。

※会員特典データの提供にあたっては正確な記述につとめましたが、著者や出版社などのいずれも、その内容に対してなんらかの保証をするものではなく、内容やサンプルに基づくいかなる運用結果に関してもいっさいの責任を負いません。

※会員特典データに記載されている会社名、製品名はそれぞれ各社の商標および登録商標です。

本書内容に関するお問い合わせについて

このたびは翔泳社の書籍をお買い上げいただき、誠にありがとうございます。弊社では、読者の皆様からのお問い合わせに適切に対応させていただくため、以下のガイドラインへのご協力をお願い致しております。下記項目をお読みいただき、手順に従ってお問い合わせください。

●ご質問される前に

弊社Webサイトの「正誤表」をご参照ください。これまでに判明した正誤や追加情報を掲載しています。

正誤表　https://www.shoeisha.co.jp/book/errata/

●ご質問方法

弊社Webサイトの「書籍に関するお問い合わせ」をご利用ください。

書籍に関するお問い合わせ　https://www.shoeisha.co.jp/book/qa/

インターネットをご利用でない場合は、FAXまたは郵便にて、下記"翔泳社 愛読者サービスセンター"までお問い合わせください。
電話でのご質問は、お受けしておりません。

●回答について

回答は、ご質問いただいた手段によってご返事申し上げます。ご質問の内容によっては、回答に数日ないしはそれ以上の期間を要する場合があります。

●ご質問に際してのご注意

本書の対象を超えるもの、記述個所を特定されないもの、また読者固有の環境に起因するご質問等にはお答えできませんので、予めご了承ください。

●郵便物送付先およびFAX番号

送付先住所　〒160-0006　東京都新宿区舟町5
FAX番号　03-5362-3818
宛先　（株）翔泳社 愛読者サービスセンター

●免責事項

※本書の記載内容は、2024年10月現在の法令等に基づいています。
※本書の出版にあたっては正確な記述に努めましたが、著者および出版社のいずれも、本書の内容に対してなんらかの保証をするものではありません。
※本書に記載されたURL等は予告なく変更される場合があります。

【著者プロフィール】
八木 幹雄（やぎ みきお）

1984年生まれ。2006年、SAPジャパン株式会社に入社。ERP導入支援を通じて基幹業務、IT、プロジェクトマネジメントの見識を深める。その後、PwCコンサルティングに所属し、BPRプロジェクトに従事。経営に資するデータ活用を追求する中でDomoに出会い、Domo社に参画。40社以上、累計7000時間を超えるコンサルティングを提供する中で、BIダッシュボード構築の極意を洗練。現在は株式会社コアビズボードを設立し、データ活用と業務高度化推進に関する研修およびコンサルティング業務を展開している。

株式会社コアビズボード（CoreBizBoard inc.）
https://corebizboard.jp/

■ 表紙・カバーデザイン　小口翔平＋畑中茜（tobufune）
■ 本文デザイン　BUCH+
■ 編集　京部康男
■ 本文DTP・編集協力　Little Wing

ビジネスパーソンのための
使われ続けるダッシュボードづくりの教科書

2024年10月9日　初版第1刷発行
2025年1月10日　初版第2刷発行

著者　八木 幹雄
発行人　佐々木 幹夫
発行所　株式会社翔泳社（https://www.shoeisha.co.jp）
印刷・製本　株式会社加藤文明社

本書へのお問い合わせについては、231ページに記載の内容をお読みください。
乱丁・落丁はお取り替えいたします。03-5362-3705までご連絡ください。

ISBN978-4-7981-8578-1　Printed in Japan